대표님,
이달의 영업이익이 얼마입니까?

대표님,
이달의 영업이익이 얼마입니까?

초판 1쇄 인쇄 | 2019년 11월 05일
초판 1쇄 발행 | 2019년 11월 25일

지은이 | 김상기
발행인 | 이혁백

만든 사람들
경영총괄 이기연 | **책임편집 및 기획** 최윤호 | **마케팅총괄** 홍민진 | **윤문 및 교정교열** 정민규
홍보영업 백광석 | **북디자인** 필요한, 김경미

펴낸 곳
출판사 치읓[치읃] | **출판등록** 2017년 10월 31일(제 000312호)
주소 서울시 강남구 논현동 9-18 4F, 5F | **전화** 02-518-7191 | **팩스** 02-6008-7197
이메일 240people@naver.com | **홈페이지** www.shareyourstory.co.kr

값 16,000원 | **SBN** 979-11-90067-11-9

이 도서의 국립중앙도서관 출판예정도서목록(CIP)은 서지정보유통지원시스템 홈페이지(http://seoji.
nl.go.kr)와 국가자료공동목록시스템(http://www.nl.go.kr/kolisnet)에서 이용하실 수 있습니다. (CIP제
어번호 : CIP2019010760)

왠지 잘 풀리는 회사에는 이유가 있다

대표님, 이달의 영업이익이 얼마입니까?

김상기 지음

당신의 기업은 이익을 얼마나,
어떻게 내고 있는가?

필자는 오랫동안 남들과 비슷한 평범한 직장인이었다. 상업계 고등학교를 졸업하기도 전에 취업을 했다. 그렇게 시작한 직장생활인데 벌써 20여 년이 흘렀다. 결코 짧지 않은 시간이다. 20~30대 때 개인 사정과 회사 사정을 이유로 이곳저곳으로 직장을 많이도 옮겼다. 그렇게 하루하루 힘든 삶을 이어나갔다. 그때의 많은 경험과 현장에서의 산지식으로 어렵고 힘든 역경들을 이겨낼 수 있었다. 그 덕분에 세무회계, 경영관리 업무를 40대 중반이 된 지금도 행복하게 하고 있다. 그저 주어진 일에 책임감과 의무감으로 임해왔다. 때론 앞만 보고 직진만 하는 것이 진정한 내 모습일지도 모른다는 자만심에 빠지기도 했다. 그런 모습이 '나'였던가? 지금 돌이켜보면 결국 내가 지나

006

온 길은 '배움과 성장'의 과정이었다.

직장생활을 할 때는 시도 때도 없이 상사로부터 지시받는 각종 업무와 내가 맡고 있는 일들 때문에 정신없이 바빴다. 세무사 사무실과 회계법인에서는 고객사들이 전달하는 한정된 거래 자료만으로 기장을 하고, 쫓기듯 세무신고서를 작성하고, 도무지 이해하기 힘든 재무제표를 작성하느라 무지 바빴다. 그래서 결심했다. '경리 아웃소싱을 하자! 1년 뒤에나 작성되는 쓰레기 같은 재무제표는 당장 집어치우자! '도통 써먹을 수 없는 경영보고서는 작성하지 말자!'

2014년, 난생처음 사업(경리아웃소싱 및 경영관리 컨설팅)이라는 것을 해보겠다는 마음 하나로 사업자등록 신청을 하여 사업자등록증을 발급받았다. 고객들과의 소통과 사업 성공을 위해 첫 발을 내딛는 순간이었다. 회계기준에 따라 투명하게 작성된 회계 장부와 건실한 재무제표를 만들기 위해서는 '고객들과 직접 소통을 하지 않고서는 힘들겠다!'는 판단과 확신이 들었다. 소통하기 위해서는 내가 직접 고객들의 사업장으로 달려가는 방법밖에는 없었다.

그래서 함께 회사의 장부를 들여다보고 진단을 하여 경영위험의 요소를 제거하고, 성장을 위한 가치(Value)를 함께 만들어 나갔다. 그렇게 개인사업자를 시작으로 경영컨설팅과 전문경영코칭 회사인 주식회사 디딤돌을 설립해 경리 아웃소싱을 5년 넘게 해오고 있다. 아웃소싱(Outsourcing)이라는 말이 다소 생소할 수 있다. 아웃소싱이란 기업의 특정 업무에 대해 경영 효율성 극대화를 위해 외부 전문기관,

전문가, 전문 업체와 계약을 체결하여 전부 또는 일부 업무를 위탁하여 처리하는 것을 말한다. 책임감과 신중함을 가지지 않고는 하기 어려운 일이다. 아니, 해서는 안 되는 일이다.

경영관리는 업무 특성상 신고기한에 과중한 업무가 집중적으로 몰린다. 수많은 거래처의 복잡한 채권 및 채무의 내용을 끼워 맞추려고 힘겹게 밤을 지새운 적이 한두 번이 아니다. 나 자신에게 스스로 정확성을 요구할수록 점점 '무언가 알 수 없는 미궁 속으로 빠지고 있다'는 생각만 커졌다. 나 자신조차도 이해할 수 없는 회계장부와 재무제표를 고객사에 그냥 전달할 수는 없었다. 그래서 필자는 25년이라는 풍부한 지식과 경험을 토대로 기업이 건강하게 지속 성장할 수 있도록 돕고자 이 책을 집필하게 되었다.

"명성을 쌓는 데는 20년이란 세월이 걸리지만, 명성을 무너뜨리는 데는 5분도 걸리지 않는다. 그것을 명심한다면 당신의 행동은 달라질 것이다." - 워런 버핏(Warren Buffett)

필자는 워런 버핏의 말에 깊이 공감한다. 제아무리 규모가 있는 회사도 성장이 멈추고 발전이 없으면 무너지는 것은 한순간이다. 건실하게 운영했던 회사가 어느 순간 손실이 발생하고, 재정(돈)이 돌지 않고, 관리가 소홀해지고, 인력관리가 태만해져 경영위기가 닥쳐오고, 급기야 부도가 나는 경우를 두 눈으로 많이 목격해왔다. '어어어…' 하다가 무너지는 것은 정말로 순식간이다. 부실한 회사의 존속 여부를 확인하는 데는 그리 오랜 시간이 걸리지 않는다. 창업 후 1~3년만 두고 보면 충분하다.

반면 건강한 회사는 높은 경영성과(수익) 달성과 안정적인 재정 상태(돈의 흐름)에 많은 관심을 갖는다. 이런 회사는 3~5년차가 되면 사업이 안정화 단계에 접어들고, 이후 확실한 성장의 단계에 들어선다. 기업은 과거에 안주하지 말고 미래지향적인 관점에서 왕성한 가치창출 활동을 통해 지속적으로 성장 동력을 찾아야 한다. 확실한 성장 동력을 만들기 위해서는 지금부터라도 회사의 경영관리에 깊은 관심을 가져야 한다.

주변의 많은 기업들이 회계장부의 부실 기재(분식 등)로 세금추징에 대한 위험에 노출되어 있다. 또한 과중한 세금 징수에 따른 재정적 어려움에 힘들어하고 있다. 이는 향후 기업의 지속적인 성장을 위해서는 반드시 적극적으로 개선해야 하는 중요한 사안이다.

최근에 "국세청, 빅데이터 센터 출범… 빅데이터·AI로 탈세대응 및 업무 효율화 추진"이라는 제목의 기사를 접했다. 정부는 인공지능(AI)을 통해 기업이 거래하는 모든 숫자를 인지하게 된다. 회계의 거래 및 금융거래는 모두 숫자로 이루어져 있다. 따라서 이해관계자들(소비자, 투자자, 공공기관, 정부 등)은 회사를 운영하는 기업들에게 점점 투명한 회계 보고서와 CEO의 도덕성을 요구하고 있다.

필자는 25년 동안 중소기업 및 회계법인 등에서 세무회계 및 경영관리 분야에서 근무했던 경험을 바탕으로 현장에 맞는 실무적인 경영관리 코칭을 하고 있다. 이 책을 읽고 있는 당신이 경영자라면 '충분한 수익(이익)이 창출되고 있는가? 재정(돈)의 흐름은 원활한가?' 라는 질문 앞에서 깊은 고민을 해야 할 것이다. 그 문제를 해결하는 데 이 책이 도움이 될 것이다. 당신의 회사에는 어떤 경영위험(재무위험 등)이 존재하는지, 무엇이 문제인지를 파악해야 한다. 그리고 그런 문제점을 해결하고자 한다면 필자에게 언제든지 상담 및 질의를 해도 좋다.

경영상의 각종 문제로 고심하고 있는 많은 이들이 이 책을 읽고 경영에 실제로 활용해보기를 권한다. 새롭게 수익을 창출하고 기업을 지속적으로 발전시키는 데 도움이 되리라 확신한다.

모든 기업은 자신들이 이익을 얼마나, 어떻게 내고 있는지 분명히 알아야 한다. 그리고 그를 토대로 앞으로 얼마나 벌지, 어떻게 벌지 구체적인 계획을 갖고 있어야 한다. 이를 통해 기업의 구성원들과 이해 관계자들에게 큰 '행복의 가치'를 가져다줄 수 있다. 이 책이 무지와 무관심에서 오는 경영 실패를 예방하고, 사실을 정확하게 바라보게 함으로써 기업의 진보와 성장에 일조하기를 기대한다.

춘천 김유정역 실레마을에서

2019년 10월

김상기

차례

Part 3

부자 CEO가 작성하는 경영 장부의 비밀

Part 5

사업하지 말고 장사하라

PART1

왠지 잘 풀리는 회사에는
이유가 있다

잘나가는 회사는 기본부터 다르다

말이 필요 없다.
회계장부와 세금은 결국 숫자로 말한다.

- '3년차 경영전략' 전문가, 김상기

기업도 건강과 체력이 기본이다

인간의 평균수명이 점점 더 늘어나고 있다. 장구한 인류 역사를 놓고 보면 수명이 늘어나는 속도는 무척이나 빠른 편이다. 이 같은 가파른 평균수명 증가에 대한 시대적인 체감 지수는 어떠한가. 만 60세가 되면 장수한 것을 축하하면서 가까운 사람들끼리 다 함께 모여 환갑잔치를 크게 열었던 시절이 있었다. 그리 오래된 이야기가 아니다.

하지만 이제는 그 같은 시절이 마치 저 먼 구석기 시대처럼 느껴질 정도다. 아마도 세월이 좀 더 흐르면 환갑잔치라는 단어 자체가 사라지고 없을지도 모른다. 이미 우리는 기대수명 100세 시대를 살고 있으니 말이다.

더 오래 살고자 하는 인간의 욕망은 끝이 없는 듯하다. 생명 연장을 위한 다양한 의약품 개발, 꾸준히 성장세를 이어가고 있는 유전자 연구가 이를 잘 보여 준다. 생명공학, 줄기세포 치료, 바이오산업은 이미 오래전부터 미래 성장 분야로 각광받아 왔다.

인간에게 수명 연장에 대한 욕구 못지않은 욕구가 있다면 무엇일까? 바로 부(富)를 축적하고자 하는 욕구일 것이다. 대부분의 사람들이 수명 연장과 부의 축적이라는 이 두 가지 욕구를 인생살이의 주요 욕구로 삼고 살아간다. 건전한 사고와 건강한 생활로 수명을 늘리고 부를 쌓는다면 그만한 행복한 인생이 또 있을까.

달리 표현하자면 요즘은 무병장수가 더욱더 강조되는 시대다. 유병장수, 즉 아프면서 오래 산다면 병치레를 하느라 엄청 고생일 텐데 그 같은 삶에 무슨 낙이 그리 있겠는가. 그러므로 수명이 길어지는 것도, 부를 쌓아가는 것도 기본적으로 건강과 체력이 뒷받침되어야 한다. 그래야 인생이 행복하다.

기업도 이와 다르지 않다. 기업이 사업을 번창시켜 수익을 더 많이 올리고 그 사업을 지속적으로 유지, 발전시켜 나가려면 건강과 체력이 필수적 전제조건이라는 말이다. 기업이란 일하는 사람들의 모임이니, 기업 역시 사람처럼 생명이 있는 유기체로 볼 수 있는 것이다.

사람도 기업도 이처럼 건강과 체력이라는 기본기를 잘 갖추고 있어야 지속 가능성, 발전 가능성이 있다. 잘나가는 회사는 이처럼 기본적인 것들을 단단하고 탄탄하게 갖추고 있다. 이런 기업은 뼈대를 튼튼히 세워 올린 건물처럼 아프지 않고 오래 간다. 간단히 말해, 기업 역시 무병장수가 꿈 아니겠는가.

사람이든 기업이든 건강과 체력이 기본임을 논했는데, 건강과 체력은 동전의 양면과도 같다. 쉬운 말로, 길고 굵게 산다고 할까. 건강해야 체력이 좋고, 체력이 좋아야 건강하다. 사람도 그렇지만 기업도 사업을 시작해 초반에 몇 년간 운영하게 되면 그 기간 동안 반드시 기초 체력을 만들어 놓아야 한다. 그리고 더 건강해질 수 있도록 그 기초 체력을 유지, 발전시켜야 한다.

자본주의 사회에서 사람들의 행동 대부분은 경제활동으로 연결되고 귀결된다. 생산과 소비를 통해서 말이다. 또한 대부분의 사람들이 일을 한다. 일이란 결국 생산을 통한 경제활동이다. 생산, 즉 제조와 서비스 활동은 새로운 상품과 서비스를 만들어내 소비자에게 제공하는 행위이다. 이렇게 물건과 서비스를 만들어내는 사람들이 있고, 그걸 돈을 주고 구매하는 사람들이 있다. 이런 생산과 소비의 상호 관계 속에서 자본주의가 돌아간다.

그런데 지구상에 영원한 것은 없다. 인간이 태어나는 순간부터 죽음을 맞이하기 시작하듯, 사업도 시작이 있으면 끝이 있게 마련이다. 다만 그 한시적인 것을 더욱 길고 굵게 하려는 것이다. 모든 사람들이 살아가는 동안 건강하고 행복한 삶을 추구하듯, 기업도 마찬가지로 건강하고 행복한 경영을 추구한다.

그래서 '바람직한 경영이란 과연 무엇인가?' 고심하면서 갖가지 시도를 해보지만, "우리가 경영이라고 하는 것이 대부분은 사람들이 일하는 것을 어렵게 만든다."는 현대 경영학의 아버지로 추앙받는 미국의 경영학자 피터 드러커(Peter Drucker, 1909~2005)의 뼈 있는 말처럼 대다수의 경영 기법이 결과적으로 뼈아픈 부작용을 남기고 만다. 나는 이런 부작용의 대부분이 기업에 건강과 체력이 부족하기 때문이라고 진단한다.

기초 체력 하면 우리나라 사람들이 앞으로도 결코 잊기 힘든 한 분이 있다. 바로 2002년 월드컵 4강 신화를 이룩한 거스 히딩크 감독이다. 그가 대표팀 출전 선수 선발 문제를 놓고 한국축구협회와 겪은 갈등은 꽤나 유명하다. 당시 축구 관계자들은 외국인인 히딩크 감독이 우리 선수들에 대해 속속들이 알기 힘들 거라 생각했다.

그렇기 때문에 "예전에 올림픽에 출전했던 ○○○ 선수를 기용하는 게 좋겠습니다." "최근 스트라이커로 주목받고 있는 ○○○ 선수를 뽑으시면 절대 후회 없을 겁니다." "○○대학교에 재학 중인 ○○○ 선수는 뛰어난 골 결정력을 가지고 있습니다." 등등 기존의 선수 기용 방식을 히딩크 감독에게 종용했다.

이에 대해 히딩크 감독이 고개를 갸우뚱한 것이다. 선수 선발 방식이 뭔가 이상하다는 생각이 든 것이다. 기존에는 학연, 지연, 스타성, 외국에서의 선수 생활 경험 등이 대표팀 선발 기준이 되었기 때문이다. 히딩크 감독은 선수 선발에 대한 축구협회의 간섭에 선뜻 응할 수 없었다. 선수 선발에 대한 권한이 축구협회에 있다면 감독은 왜 뽑은 거냐며 거세게 항의한 적도 있다.

그렇게 국내 축구 관계자들과 갈등을 빚으면서 그는 진정한 실력을 갖춘 선수를 꼭 선발하겠노라 다짐했다고 한다. 당시 축구 관계자나 언론들은 감독이 선수 선발을 독단적으로 하는 것이 아닌가 하는 우려를 쏟아냈다. 일례를 들자면 '히딩크식 선수 선발 문제 있다'는 제목의 보도가 나오는 식이었다.

히딩크 감독이 선발한 선수들 명단을 두고 여러 가지 전력(前歷)으로 비추어 볼 때 납득하기 힘들다는 것이 골자였다. 하지만 당시 히딩크 감독은 선수 선발에 대한 확고한 기준이 있었다. 그게 뭔가 하면 바로 '지치지 않고 90분 경기를 풀타임으로 뛸 수 있는 체력'이었다.

기본을 철저히 갖추어야 한다는 그의 철학대로 그는 훈련에 매진했고 결국 월드컵에서 체력이라는 기본기로 자그마치 4강에 오르는 그야말로 기적적인 대성과를 일구어낸 것이다.

문득 대기업 D사의 공사 현장에 쓰여 있는 '기본이 혁신이다'라는 문구가 떠오른다. 그렇다. 잘나가는 회사는 기본을 통해서 성과를 일구어 간다. 하지만 대부분의 기업은 어떤가. 100세를 바라보고 있는 인간 기대수명의 채 5퍼센트도 되지 않는 3~5년 이내의 짧은 수명으로 생을 마감하는 기업이 부지기수다.

우리나라의 중소형 법인은 주식회사 형태를 띠고 있다. 회사의 지배구조를 보면 가족경영인 경우가 대부분이다. 주식회사도 최대주주인 경영주가 건강이 갑자기 안 좋아지면 한때 잘나가던 기업이 졸지에 위기에 처하는 경우도 있다. 여타 개인사업과 자영업 역시 가족들의 생활 터전이 된 지 오래다. 물론 대부분 생활 터전이라는 이름을 붙일 만큼 건실하지가 못하다.

앞에서도 언급했듯이 기업의 생명 유지를 위한 기본 조건은 '건강과 체력'이다. 더구나 요즘처럼 불확실성이 증대되고 경쟁이 극심한 기업 현장에서는 이 같은 기본을 확고히 갖추는 것이야말로 번영 이전에 생존을 위한 일차적인 조건이라 할 수 있다.

히딩크 감독의 운영 방식대로 기업의 경영 역시 '지치지 않고 근무 시간을 풀타임으로 뛸 수 있는 체력'이 기업 구성원들 역량의 기본 바탕이 되어야 한다. 기업이란 구성원들의 에너지로 먹고사는 조직 아닌가.

잘나가는 회사는 우선 느껴지는 에너지부터가 다르다. 모든 구성원 간의 원활한 소통과 탄탄한 신뢰가 일의 기본 바탕이 되며, 구성원들이 '할 수 있다'는 긍정적인 에너지로 똘똘 뭉쳐 있다. 이런 조직에는 좋은 기운과 활력이 넘친다.

반면에 부정적인 사고와 행동이 난무하고 기존 관습에 젖어서 새로움이라고는 도무지 찾아볼 수 없을 정도로 정체되어 있는 회사도 많다. 이런 회사들의 공통된 특징은 무엇인가. 지금 그 자리에 안주하려는 의지(?)가 너무나 강해서 변화의 싹이 자랄 틈이 없다는 것이다. 이 같은 기업은 주변의 비즈니스 환경 변화를 좀체 느끼지 못한다. 그렇게 둔감한 채로 시간을 허비하다가 그만 경쟁사에 자기가 차지하고 있던 자리마저 내어 주고 만다.

많은 회사들이 겉으로 보기에는 비슷해 보여도 속을 자세히 들여다보면 그야말로 천양지차다. 공감과 소통이 되지 않고, 부정적인 사고방식에 사로잡혀 있으며, 그저 현재에 안주하려고만 하는 회사들은 이내 병이 들어버린다. 건강이 악화되고 체력은 고갈되어 발전 가능성은 제로를 향해 달려간다. 그러다가 지속 가능성마저 사그라들면 회사는 결국 정리해고에 이어 폐업 절차를 밟게 되는 것이다.

반면 좋은 회사는 구성원들 간에 서로의 강점을 찾아 주고 부족한 점을 채워 주는 건강한 조직이다. 이처럼 서로에게 긍정 에너지를 발산해주는 조직이 되려면 각 구성원들에게 건강한 육체와 정신, 그리고 기초 체력이 필요하다.

사람이든 기업이든 그 누구도 하루살이 같은 삶을 원치 않는다. 어제보다 오늘, 오늘보다 내일 더 성장한 모습, 더 발전된 모습으로 하루하루를 살아가기 원한다. 또 그 같은 개인과 기업의 발전적 삶이야말로 당사자뿐 아니라 사회에 유익이 된다.

시대는 어지러울 만큼 급변한다. 그런 시대 흐름에 맞추어, 또는 시대를 선도하며 앞으로 앞으로 전진하는 회사가 소위 잘나가는 회사 아니겠는가. 이처럼 잘나가는 회사는 모든 구성원들이 공감할 수 있는 가치를 기본 이념으로 삼고 있다. 그 기본 이념이란 것이 보통 무엇인가. 간략히 다섯 가지로 나누어 서술하면 다음과 같다.

첫째, 이 회사는 미래 성장 가능성이 있다는 확실한 비전을 제시한다.
둘째, 임직원들에게 동기부여를 확실히 하고, 책임을 다하도록 제 역할을 준다.
셋째, 회사 성장에 따른 확실한 보상 체계가 있어서 함께 더불어 성장할 수 있다
　　는 믿음을 준다.
넷째, 언제나 같은 비전을 바라보고 끊임없이 소통한다.
다섯째, 회사 운영을 통해 이루어낸 다양한 성과를 함께 나눈다.

잘나가는 회사는 위의 기본 이념을 그 무엇보다 소중히 여기고 함께 나눈다. C. T. 멕켄지는 "매니지먼트(Management)의 가장 중요한 음절은 맨(Man)이다."라고 힘주어 말했다. 다시 말해 '경영에서 으뜸은 사람'이라는 것이다. 이처럼 기업은 모든 구성원들이 '마음과 뜻을 다하여 함께 기업의 목표를 달성한다'는 기본적인 기업 이념을 공유해야 한다.

지속적으로 성장, 발전하는 회사에는 이처럼 회사 운영에 대한 기본 원칙이 있다. 그런 원칙은 처음부터 있었던 것이 아니라 매일매일 부단한 노력의 결과로 만들어진 것이다. 그리고 필자가 여기서 강조하고자 하는 기본 원칙은 다름 아닌 조직과 구성원의 건강과 체력이다.

물론 기업이 맞닥뜨린 현실은 냉엄하다. 경기는 좀처럼 나아질 기미가 보이질 않고 산업의 변화는 너무나 빨라서 자칫하다가는 다시 일어서기 힘들 만큼 커다란 위기를 맞을 수 있다. 직장인들 사이에서는 '저녁이 있는 삶'이라는 표현으로 대표되듯 좀 더 편안한 직장생활을 영위하는 것이 시대적인 흐름처럼 되어 간다.

하지만 SNS에 흔히 떠도는 말처럼 '칼퇴근할 수 있고, 연차에 정기 휴가까지 마음대로 쓸 수 있으며, 출산 · 육아휴직도 눈치 보지 않고 쓰는 회사, 월급과 성과급을 많이 주는 회사'는 말처럼 쉽게 만들어지지 않는다. 기업이란 것이 생존을 위한 무한경쟁의 장이기 때문이다.

잠시라도 긴장을 늦추었다가는 어느 순간 설 자리조차도 없어질지 모르는 냉엄한 현장이 바로 기업이다. 그래서 필자는 더더욱 건강과 체력이 기업의 토대가 되어야 한다고 강조한다.

임직원들의 숫자 학습

회사의 일이란 게 소통의 연속 아닌가. 회사에서는 하루에도 수많은 소통이 부서 간, 구성원들 간에 이루어진다. 소통 방식은 다양하다. 문자, SNS, 이메일, 전화, 회의, 미팅 등등. 이처럼 회사란 곳은 겉으로는 많은 소통이 이루어지고 있는 것처럼 보이지만, 실상은 사

못 다르다. 그저 별다른 의미 없이 시간만 흘려보내거나 뭔가 의견은 오간 것 같은데 이렇다 할 결론이 없는 경우가 다반사이기 때문이다.

왜 그런 일이 자주 벌어지는가? 왜 그 같은 일이 악순환과도 같이 반복되는가? 그건 바로 임직원들에게 '숫자 학습'이 되어 있지 않기 때문이다. 회사에서 의미가 있는 소통, 결론이 있는 소통이 이루어지기를 바란다면 임직원들이 말이 아닌 숫자로 보고할 수 있도록 매일매일 숫자 학습을 시켜야 한다.

여기서 숫자 학습을 시킨다는 것은 매일의 성과를 숫자로 보고하도록 제도화하는 것을 말한다. 인간은 매일 반복되는 단순한 학습과 행동으로 지구상에서 최상위 포식자가 되지 않았는가.

필자는 일도 마찬가지라고 생각한다. 우리가 일에 대해, 회사에 대해 매일 학습하고 있는 것들이 습관화되기만 하면 괄목할 만한 성과를 거두게 되어 있다. 회사에 성과가 미약하거나 회사가 적자를 벗어나지 못하고 있다면 우리가 과연 정말로 해야 할 학습을 하고 있는지 필히 점검해 보아야 한다.

숫자에 관심이 없는 건 회사 임직원들뿐만이 아니다. 회사와 상생의 길을 걸어야 할 경리아웃소싱, 자문, 기장 업체 임직원들도 예외는 아니다. 그들은 대부분 담당 회사의 재무상태표(B/S), 손익계산서(P/L)에는 별로 관심을 기울이지 않는다.

사내외 관계자들은 올해 회사의 매출액, 영업이익, 당기순이익이 얼마나 되는지, 비용은 얼마나 지출되고 있는지 그다지 관심이 없다. 안타까운 사실은 회사가 흑자인지 적자인지에 대해서조차 별 관심이 없다는 것이다. 왜 임직원들은 회사의 유지, 발전을 위해 가장 중요한 이런 숫자에 별 관심이 없는 걸까?

《돈 잘 버는 사장의 숫자 경영법》의 저자 고야마 노보루 사장은 이런 현상에 대해 다음과 같이 딱 잘라 말한다.

"일반 직원은 회사의 손익에는 관심이 전혀 없고, 회사의 손익이 자신의 급여나 상여에 직결되고 있다는 의식이 희박하다."

그러나 회사의 이익이 임직원들의 연봉계약에 많은 영향을 미친다는 것을 알게 된다면 임직원들도 숫자에 관심을 갖게 될 것이다.

회사의 목표 매출액을 달성하기 위해서는 사장과 직원들 모두가 회사가 목표한 숫자에 대한 학습을 해야만 한다. 하지만 대개 임직원들 사이에서는 연초에 사장님이 신년사에서 힘주어 발표한 목표 매출의 숫자는 점점 희미해진다. 아마도 몇 개월이 지나면 연초에 발표한 목표 숫자는 과거 속에 묻혀 버리고 말 것이다.

회사라면 당연히 매출액(=영업), 매출총이익(=마진), 영업이익(=매출총이익 - 판매비 및 일반관리비), 당기순이익의 목표치에 집중해야 한다. 이게 다 숫자 아닌가. 이런 숫자를 꾸준히 학습해야 회사에서 목표로 하는 바가 구성원들 사이에서 제대로 공유되고 추구된다.

그렇게 되면 회사의 목표를 경영 활동의 중심에 두기 때문에 회사 목표 달성을 위한 임직원 공동의 시너지가 발휘된다. 이렇게 해서 회사에 창출된 이익이 투명하게 공개되는 것 역시 숫자 학습의 또 다른 효과다. 숫자 학습을 통해 경영 활동에는 활력이 생기고, 그에 따른 이익 배분은 투명해지는 것이다.

물론 임직원들이 숫자에 관심이 없는 것은 아니다. 임직원들이 중요하게 생각하는 숫자는 무엇인가? 그들은 어느 숫자에 집중할까? 직원들은 당연히 자신의 급여나 수당에 민감할 수밖에 없다. 여기까지는 아무런 문제가 없다. 자신의 생활과 직결되는 숫자에 관심을 갖는 건 당연지사니까.

그런데 그다음이 문제다. 내 급여나 수당이 줄지만 않는다면 회사의 이익이 증가하든 감소하든 그건 자신과는 무관한 일이라고 생각하는 게 바로 그것이다. 하지만 회사의 매출이나 영업이익이 줄어들어서 인센티브 제도를 없애겠다거나 수당 항목을 축소하겠다는 공지를 하면 임직원들은 즉각적으로 동요할 것이다.

또 예를 들어 회사가 사내 실적 발표를 할 때 이번 달에 1억원의 적자를 봤다고 공표하면 그저 '아, 그런가?' 하고 얼핏 생각하고 만다. 그러나 이러면 어떤가? 회사가 상황이 좋지 않아 야근 수당을 1만원 줄인다거나 복리후생을 감소시킨다면 임직원들은 마치 시장바닥에서 흥정하는 것처럼 아주 시끌벅적해진다. 대부분의 회사에서 이런 모습이 연출되리라는 것은 불 보듯 뻔하다.

필자가 담당했던 인천에 소재한 P사는 외부 회계감사 대상 업체다. P사는 매년 3월 말이 되면 지난 한 해 동안의 경영 실적을 토대로 각 부서의 기여도를 산출해서 연 1회 인센티브를 정기적으로 지급하는 제도를 두고 있다. 그래서 모든 임직원들이 매해 3월 말 경영 실적 발표 시점이 다가오면 촉각을 곤두세운다. 발표될 그 '숫자'에는 내가 받아야 할 인센티브가 포함되어 있기 때문이다.

회사에서 숫자 학습을 하려면 우선 이런 현실을 냉철하게 인식시킬 필요가 있다. 숫자의 의미가 무엇이며, 숫자가 회사와 임직원에게 미치는 영향이 무엇인지를 명확하게 공유해야 한다는 것이다.

우리가 숫자 학습을 하는 이유는, 회사가 제대로 목표를 설정하고 달성하여 성과를 거두어 발전을 거듭하며, 그 같은 회사의 성과를 구성원들이 다 함께 나누기 위함이다. 조직 구성원들이 숫자 학습에 열의를 가지고 참여하게 하려면 회사의 성장뿐만 아니라 적절한 보상 체계가 필요하다.

신상필벌(信賞必罰)이라는 고사성어가 있다. 상을 줄 만한 훈공(勳功)이 있는 자에게는 반드시 상을 주고, 벌(罰)할 죄과(罪科)가 있는 자에게는 반드시 벌을 준다는 뜻으로, 상벌(賞罰)을 공정(公正)하고 엄중(嚴重)하게 하는 것을 말한다.

신상필벌 하면 떠오르는 인물이 있다. 조선 중기의 대명장이자 우리 국민에게는 불멸의 장군으로 기억되고 칭송되는 충무공 이순신 장군이다. 그는 전공(戰功)을 모두 부하들에게 돌린 것으로 유명하다.

전투가 끝나면 자기 공은 뒤로하고 자신의 공을 부하의 공으로 보고해 반드시 부하가 상을 받도록 했다.

이순신 장군은 스스로도 부하들을 칭찬해주고 상을 내리는 데 인색하지 않았다. 그가 왕에게 보낸 장계(狀啓)라는 보고서를 보면 전쟁 중에 보인 부하들의 용맹에 관해 자세히 보고되어 있다. 또한 종들의 잘한 일까지 일일이 보고했다. 상을 줄 만한 부하에게 반드시 상을 준 것이다.

그럼으로써 이순신 장군은 장졸들에게 승리를 향한 강한 동기를 심어 주었다. 그의 휘하에 있던 군사들이 엄청난 위기 가운데서도 불굴의 용사가 될 수 있었던 데는 바로 이 같은 신상필벌이 큰 몫을 했던 것이다. 여기서 강조하는 숫자 학습은 이러한 신상필벌이 뒷받침되어야 효과를 볼 수 있다.

필자가 현장에서 중소기업 임직원 분들을 접해보면 늘 아쉬운 점이 있었다. 말하자면 대부분의 사람들이 케이크 전체보다는 조각 케이크에 관심을 갖고 있었기 때문이다. 즉 자기 부서에 관련된 숫자에만 관심이 있고, 회사 전체적인 숫자에 대해서는 관심이 없다는 것이다.

심지어 관리직 실무 담당자나 사장님조차도 회사에서 발생하고 있는 숫자를 너무 괄시하는 걸 보고 필자는 적잖은 충격을 받았다. 괄시(恝視)의 뜻이 무엇인가? 업신여겨 하찮게 대한다는 것이다. 즉 회사에서 가장 중요한 것을 가장 하찮게 여기는 것이니 당최 아이러니할 수밖에 없는 노릇이다.

회사의 재무제표는 따로따로 존재할 수 없다. 그것은 사람의 소화기관처럼 서로서로 연결되어 있다. 입에서 식도, 식도에서 위, 위에서 십이지장, 십이지장에서 작은창자, 작은창자에서 큰창자, 큰창자에서 항문으로 연결되어 있는 것처럼 말이다. 입을 통해 들어간 음식은 모든 소화기관을 거치면서 음식에 함유되어 있던 영양분이 체내에 흡수된다. 그리고 남은 찌꺼기들이 대장을 거쳐 항문으로 배출된다.

기업의 경영 활동도 복잡한 업무 과정과 지난한 의사결정의 결과로써 생산물이 만들어진다. 그리고 그 결과물로서 배출되는 것이 바로 재무제표라는 보고서다.

재무제표라는 보고서에는 전혀 모르는 사람이 만들어낸 숫자가 적혀 있는 것이 아니다. 그것은 바로 당신 회사의 경영 활동으로 만들어진 숫자다. 사람이 건강을 위해 신진대사가 잘되는지 파악하려고 매일 배변 활동이 제대로 이루어지고 있는지 관심을 기울이듯이 임직원들은 회사에서 최종적으로 배출되는 숫자에 관심을 가져야 한다. 그 숫자야말로 회사가 건강한지 그렇지 않은지를 정확하게 알려주기 때문이다.

왠지 잘 풀리는 회사에는 그럴 만한 이유가 있다. 임직원들로 하여금 숫자 학습을 하게 하는 것이 그중 하나다. 회사가 목표한 바를 달성하고자 한다면 지금부터 말로 하는 경영은 중단하고 임직원들이

'경영의 숫자'를 인식하게 하자. 백 마디 말보다 숫자로 소통하는 것이 훨씬 효과적이다. 왜 그런가? 숫자는 객관성을 부여해 줄 뿐 아니라 실행할 수 있는 힘을 제공하기 때문이다.

회사가 목표한 매출액, 영업이익 등의 숫자를 지금 즉시 공유하고, 그 숫자의 의미에 대해 학습하게 하라.

경영관리를 잘하는 CEO의
보고 시스템을 배우라

직접 시도해보는 것은 큰 감명을 준다.
아는 것을 넘어서 적용해봐야 하고, 의지를 넘어서 직접 행동해야만 한다.

– 레오나르도 다 빈치

진실만을 보고하라

보고(報告)란 무엇인가? 사전에서 보고의 뜻을 찾아보면 '일에 관한 내용이나 결과를 말이나 글로 알림'이라고 나와 있다. 보고의 의미는 이렇게 간단히 말할 수 있지만, 실제 기업 현장에서 보고란 결코 간단한 일이 아니다. 보고가 기업 전반 및 개인 업무에 미치는 영향은 실로 상당하기 때문이다.

1973년에 설립된 ㈜대우건설은 경영 위기를 겪은 후 2012년부터 매년 《지속가능경영보고서》를 작성해 발간, 공개하고 있다. 홈페이지(www.daewooenc.com)에서 다운로드하여 회사 특성에 맞게 활용하면 유용하다.

㈜대우건설은 2012년부터 2019년 현재까지 매년 8차례에 걸쳐 지속적으로 보고서를 발간하고 있다. 그처럼 보고서를 꾸준히 발간하는 이유는 무엇일까?

㈜대우건설 홈페이지에 소개된 바에 따르면, 이 보고서 발간의 목적은 '보고서'를 통해 지속가능경영에 대하여 내부 현황을 점검하고, 관련 사업의 동향을 파악하며, 사업 성과를 외부 이해관계자들에게 투명하게 공개하는 데 있다. 그럼으로써 기업의 사회적 책임을 충실히 이행하고, 이해관계자들과 함께 성장을 도모한다. 이 몇 문장 안에 보고서의 모든 역할이 다 나와 있다. 보고서는 이처럼 중요하다.

그렇다면 '경영'이란 무엇인가? 경영(經營)이란 회사를 운영하기 위해 행해지는 일련의 관리(管理)를 말한다. 경영보고서는 그 같은 일련의 관리를 기록하고 확인하기 위한 것이다. 여기서 경영보고서에 대해 간단히 살펴보자.

경영보고서는 쉽게 말해 경영에 대한 사항을 보고하기 위한 목적으로 작성된 문서로 경영진단보고서, 경영전략보고서, 경영검토보고서 등을 총칭하는 말이다.

일반적으로 작성 부서, 작성 일자, 부서, 항목, 문제점, 대책, 대표이사 의견, 작성, 검토, 승인 등의 순서로 작성한다. 경영보고서는 회사 내에서 경영 관련 사항에 대해 서로 소통하는 데 큰 역할을 담당한다. 보고서는 과거와 현재의 경영 상태가 어떤지를 보여주어 미래 사업 방향을 제시해주는 매우 중요한 자료로 활용된다.

관리 보고 시스템(Managerial Report System)은 특정한 정보가 입력된 다음, 그것에 대한 가공이 끝날 때까지의 전 과정에 대한 것이다. 보고 시스템은 회사 운영을 원활하고 신속하게 하는 데 필수라고 볼 수 있다. 보고 시스템은 경영 관리의 목적 및 기능을 기초로 해서 구성한다.

경영의 목표를 달성하기 위해서는 회사 전체의 문제점을 객관적으로 분석, 평가하여 최고경영자에게 보고해야 한다. 이를 효과적으로 수행하려면 정보의 흐름이 명확해야 한다. 또 내부 정보와 외부 정보를 잘 분석해야 한다. 경영 목표 달성을 위한 보고를 하려면 최고경영자의 이익 목표 설정, 각 조직 단위의 업무 목표 설정 등의 정보가 들어가야 한다.

물론 여기서는 보고와 보고 체계에 대한 설명을 늘어놓으려는 것이 아니다. 경영보고가 왜 중요한지 이해하려면 경영보고의 전체 모습과 내용을 알아야 하기 때문에 그 개요를 언급한 것이다.

이쯤에서 떠오르는 유명한 보고서가 있다. 삼성의 운명을 바꾼 보고서로서 일명 《후쿠다 보고서》로 불린다. 1993년 후쿠다 다미오 삼성전자 고문이 이건희 회장에게 건넨 보고서다. 과거 삼성은 어떤 회사였나? 1980년대에 일본의 전자업체 소니, 샤프, 도시바 등이 세계를 주름잡았고 삼성전자는 이들을 뒤쫓느라 바빴다.

30여 년이 흐른 지금은 어떤가? 삼성은 현재 세계 정상 기업으로 우뚝 서 있다. 반면에 샤프는 대만 기업에 인수되었고, 소니와 도시바는 만성 적자에 시달리고 있다.

이처럼 삼성과 일본 기업들의 운명을 뒤바꾼 계기는 이건희 회장의 프랑크푸르트 선언이었다. 그리고 그 도화선이 《후쿠다 보고서》인 것이다.

1993년 6월 4일, 이건희 회장에게 전달된 후쿠다 보고서는 본래 56장짜리인데, 핵심 내용은 14쪽 분량의 "경영(經營)과 Design"이었다. 다음 날 독일 프랑크푸르트행 비행기에서 이 보고서를 읽은 이건희 회장은 '내가 그동안 강조한 질(質) 경영은 무엇이었나?'를 되돌아보며 많은 고민에 빠질 수밖에 없었고, 결국 중대한 결단을 하기에 이른다.

보고서에는 삼성전자의 문제점들이 적나라하게 담겨 있었는데, 예를 들면 디자인에 대한 임직원들의 잘못된 인식과 태도가 언급되어 있다. 후쿠다는 'A안, B안, C안을 절충하면 좋은 디자인이 되지 않나' 하고 생각하는 임직원들에 대해 "각각의 디자인은 콘셉트가 다른 제품이다", "판단이 어려울 때 적당히 믹스하라고 지시하지만 절충안은 포인트가 없어 좋은 디자인이 되기 어렵다"고 냉철하게 분석했다.

여기서 더 나아가 이건희 회장에게는 불량 세탁기를 그대로 출고하는 장면이 담긴 영상까지 전달되었다. 보고서를 받은 지 3일이 지난 1993년 6월 7일, 이건희 회장은 사장단을 모두 불러 모아 '신경영'을 선포한다. 그때 이건희 회장은 이런 말을 남겼다.

"극단적으로 이야기해서, 농담이 아니야, 마누라와 자식 빼고는 다 바꿔 봐! '양'에서 '질'로 바꿉시다!"

사장단이 "아직은 '양'을 포기할 수 없다."고 건의하자 이 회장은 들고 있던 티스푼을 집어던지고 나가 버릴 정도로 '질' 경영에 대해 강한 의지를 보였다고 한다. 그때 이건희 회장의 일대 결단은 이후 수많은 변화를 가져왔다. 매출이 증가했으며 임직원들의 고용도 늘어났다. 여기서 우리는 경영보고의 위대한 힘을 절감하게 된다.

하지만 2013년 이후 매출과 영업이익이 감소하며 삼성은 위기설에 휩싸였다. 이런 삼성에 후쿠다가 제시한 새로운 조언은 "삼성은 새로운 출발선에 서야 한다. 신경영 조언을 모두 잊어라!"였다. 이처럼 경영보고는 시대에 따라, 상황에 따라 그 핵심을 달리하며 회사 경영의 전환점을 모색하는 것이다.

삼성은 지금도 지속적인 경영보고를 통해 끊임없이 기업의 성장 동력을 찾고 있다. 당신의 회사에는 경영관리를 잘하기 위한 보고서가 존재하는가? 진정으로 성장하고 싶다면 회사의 흐름을 끊임없이 관찰, 기록하여 그 결과를 보고받아야 할 것이다.

그러나 안타깝게도 필자가 담당하고 있는 대다수의 중소기업과 소상공인 업체들은 매년 만들어지고 있는 경영보고서인 재무제표에는 일말의 관심조차 없는 듯하다. 위에서 언급한 거창한 경영진단보고서, 경영전략보고서, 경영검토보고서를 만들어서 보고받으라는 이야기가 아니다. 그것들은 이미 지나간 경영의 결과에 불과하다.

무엇을 개선해야 하고, 향후 무슨 계획을 세워야 하는지 알기 위해서는 바로 현재의 상황을 보고하도록 해야 한다. 자체적인 결산 또는 경리아웃소싱을 통해 매월 경영실적보고를 받아야 한다. 매월 하는 회계결산보고만으로도 회사 내에서 서로 소통을 하는 데 큰 도움이 된다. 이런 기본적인 소통이 이루어져야만 일상적인 업무 중에도 의사결정을 잘할 수 있다. 또한 경영 성과 가운데서 성공과 실패에 대한 사항을 정기적으로 보고받아야 한다.

회사에 이러한 보고를 받을 수 있는 '보고 시스템'을 만들어야 한다. 이런 시스템을 통해서 나오는 보고서야말로 사업 성장을 돕는 진실된 보고다. 회사는 이러한 보고서들을 통해 매월 결산을 해야 한다. 그것이 회사가 진일보할 수 있는 계기가 된다.

업무 진행률을 공유하라

회사가 목표한 바를 이루고자 하는가? 그렇다면 모든 구성원들이 업무 진행률을 늘 파악하고 있도록 소통해야 한다. 그래야만 회사가 사업 성공을 위한 올바른 방향으로 나아갈 수 있다.

사실 회사에서 목표한 성과를 달성하기 위해서는 업무 수행을 위한 소통이 필수적이다. 회사는 하나의 커다란 유기체다. 유기체란 많은 부분이 일정한 목적 아래 통일, 조직되어 그 각 부분과 전체가 필연적 관계를 가지는 조직체를 말한다.

생물처럼 물질이 유기적으로 구성되어 생활 기능을 가지게 된 조직체를 생각하면 된다. 바로 인간의 몸이 생활을 하기 위해 각 기관이 유기적으로 연결되어 제각기 제 역할을 하고 서로가 서로를 돕도록 구성되어 있지 않은가. 이와 같은 것이 바로 회사라는 조직이다.

회사 경영은 특별한 한 사람의 노력만으로 해나가기에는 역부족이다. 최근 1인 기업가들이 늘어나는 추세이기는 하다. 그리고 1인 기업도 강점이 있다. 1인 기업은 한 가지 전문 역량에 집중하여 성과를 낼 수 있다는 장점이 있다. 또한 맨투맨 접촉으로 상호 친화력과 이해력을 증진시키며, 업무 처리가 신속하다.

하지만 시야가 좁아서 창의적인 사고를 잘하지 못하게 되기도 한다. 결국 1인 기업체도 혼자서 할 수만은 없는 노릇이다. '손바닥도 마주쳐야 소리가 난다'라는 말이 있지 않은가. 사람들은 물질적, 정신적으로 연결되어 있는 사회적 동물이다. 모든 사람들은 상호 보완적, 상호 의존적인 특성을 갖는다. 이러한 특성을 지닌 사람들의 역량은 정보를 공유할 때 잘 발휘된다.

어느 날 한강을 따라 올림픽대로를 달리고 있을 때의 일이다. 라디오에서 도움의 손길을 구한다는 이야기가 흘러나왔다. 순간 휴대

폰으로 전화번호를 누르고 있는 내 모습을 보았다. 적은 돈이나마 나로 하여금 돕고 싶은 마음이 들게 한 것은 그들의 사연이 라디오를 통해 '공유'되었기 때문이다. 그 사연을 접한 수백, 수천 명의 따뜻한 온정의 손길이 전해져서 1분도 채 안 되는 짧은 시간에 수백만 원 상당의 돈이 모금되었다. 이것이 바로 '공유의 힘'이라는 생각이 들었다.

업무 진행률에 대해서도 마찬가지다. 제각기 내 할 일 하느라 바쁘다고 하는 것과 회사 전체적으로 업무 진행률을 공유하면서 일하는 것은 그야말로 천지차이다. 임직원들이 회사가 돌아가는 상황, 각 프로젝트가 돌아가는 상황을 알아야 회사 전체로 시야를 넓혀서 회사 여건에 맞게 프로젝트를 수행하지 않겠는가.

이렇게 정보를 공유해야 그를 통해 뭐든 새로운 시도를 해보고 적용을 해보게 된다. 그래야 새로운 성과가 나온다. 그리고 이렇게 정보를 공유해야 프로젝트가 성공할지, 실패할지도 알 수 있다. 이와 같은 이유로 임직원들은 서로 업무 진행률을 더욱더 공유해야만 한다.

완구를 기획, 제작, 수입하여 유통하는 것을 전문으로 하는 D사가 있다. D사의 월요일 오전 9시 4층 회의실. 주간회의를 위해 임직원들이 모두 다 한자리에 모인다. 잠시 후 대표님이 들어오신다. "안녕하십니까! 회의 시작합시다." 짧은 인사말을 마치고 곧바로 주간회의가 시작된다.

영업팀은 지난달의 매출 실적과 마트 입점 준비 현황을 발표한다. 이어서 기획마케팅팀은 개발 중인 완구의 진행 현황, 협력사에 대한 자료 공유 여부, 매출 시황, 시장에서 소비자들의 반응 등 한 주간의 업무 상황을 발표한다. 이어 관리팀에서 하계휴가 일정을 공지한다.

그리고 판매가 부진한 품목에 대하여 영업팀, 기획마케팅팀, 관리팀이 협업해 적정 재고 수준이 어느 정도가 좋을지 검토하라는 지시가 있었다. 끝으로 올해의 목표 매출액을 다시 한번 상기시켰다. 이와 같이 D사는 매주 월요일 주간회의를 통해 업무 진행률에 관련된 사항을 모든 임직원들이 공유한다.

조직의 리더는 정해진 목표를 공감할 수 있도록 조직원들이 한데 뭉치고, 함께 소통할 수 있는 장을 마련해야 한다. 그래야만 목표한 바를 서로 확인하여 함께 그 뜻을 이룰 수 있다. 회사의 목표를 달성하는 가장 효율적인 방법은 무엇일까? 바로 임직원들 사이에서 업무 진행률을 서로 전달하고 공유하는 구체적인 방법을 항상 고민하는 것이다.

우선 기본적으로 앞의 D사의 사례처럼 공식적인 장을 정기적으로 마련해 모든 조직원들이 업무 진행률에 관련된 정보를 서로 나누도록 해야 한다. 물론 단지 공유에 그쳐선 안 된다. 반드시 실행이 뒤따라야 한다. 즉 정보 공유를 통해 진정한 의미의 업무 협업을 이루어 내야 한다. 이것이 모두가 한 곳을 바라보고 함께 앞으로 나아가는 길이다.

조직의 리더는 진행 중인 프로젝트 하나하나에 관심을 갖고 필요한 것들을 챙겨야 한다. 그뿐만 아니라 구성원들이 제 역할을 다할 수 있도록 유용한 정보를 제공하고 진행 상황을 함께 공유해야 한다.

시대는 갈수록 변화가 빠르고 변화 양상이 복잡하기 때문에 발빠른 공유와 협업의 중요성은 날로 더 커지고 있다. 회사에서 맡은 바 업무에 책임을 다하는 것은 당연한 일이다. 그런데 단지 그것으로 끝이 아니다. 회사는 그 사람이 아무리 유능하다 하더라도 그 한 명의 구성원만으로 움직일 수 없기 때문이다.

필자는 20대 초반 군 입대 전에 대전에 있는 어느 제빵 회사에서 잠시 아르바이트를 한 적이 있다. 각자에게 매일 담당 업무가 주어진다. 주문량에 따라 다음 날 빵 만들 재료 준비를 마치고서야 잠자리에 든다. 그래야 새벽부터 빵을 만들 수 있기 때문이다. 밀가루, 달걀, 단팥, 포장 재료 등등. 그리고 다음 날 새벽 4시면 기상이다. 졸린 눈을 비비며 하루 일과가 시작된다.

1단계 : 밀가루에 적당한 물과 부재료, 달걀을 넣고 반죽하기

2단계 : 단팥 준비하기

3단계 : 반죽에 단팥을 넣고 빵 만들기

4단계 : 빵 굽기 ☞ 불 조절이 핵심!

5단계 : 포장하기

6단계 : 배송하기 ☞ 신속하게!

아직도 나는 그때 함께 일했던 그 모습이 기억난다. 구성원은 사장님과 직원 세 명 해서 네 명이 전부다. 빵을 만드는 과정은 '물 흐르듯' 해야 한다. 때를 놓치면 완제품이 나올 수 없다. 조금이라도 지체되면 납품 시간을 놓치기 일쑤다. 2~3시간 안에 빵을 만들어 포장까지 끝마쳐야 한다. 그래야 대전에서 출발해 천안, 수원에 있는 업체에 적시에 배송할 수 있다.

1단계부터 6단계까지 모든 단계는 물 흐르듯 연결된 하나의 과정이다. 모든 단계에서 서로 약속이나 한 것처럼 빵 만드는 진행률을 공유하여 순차적으로 일을 진척시킨다. 맡은 일은 제각기 다르지만 하나의 컨베이어벨트에서 순서대로 일하는 것처럼 손발이 착착 맞는다. 이렇게 작업의 흐름이 막히지 않게 하는 그 출발점이 정보의 공유인 것이다.

중요한 전투를 앞두고 장수와 병졸들은 승리를 위한 전략을 공유한다. 그래야 오합지졸(烏合之卒)이 되지 않는다. 경쟁이 치열한 기업 현장도 전쟁터나 마찬가지인데 그 속을 들여다보면 오합지졸로 이루어진 조직이 많다.

오합지졸이 무엇인가? 흡사 까마귀가 모여 있는 것처럼 질서 없이 모인 병졸이라는 뜻으로, 임시로 모여들어서 규율이 없고 무질서한 병졸 또는 군중을 이르는 말이다. 질서와 규율 없이 제대로 전투를 벌일 수 있겠는가. 그리고 회사는 금세 흩어졌다 다시 뭉치는 임시 조직이 아니지 않은가. 중구난방(衆口難防)에 임시방편(臨時方便)으로는 결코 회사를 운영할 수는 없다는 소리다.

개개인의 뛰어남보다는 구성원들의 하나 됨이 필요한 곳이 기업이다. 기업이 나아가고자 하는 방향과 비전, 그리고 그것을 이루기 위한 업무들의 진행 상황을 필히 공유해야 하는 이유가 여기에 있다.

소문이 아닌
사실에 초점을 맞추라

가치 있는 일을 하는 유일한 방법은
스스로 하는 일을 사랑하는 것이다.

– 스티브 잡스

'할 수 있다'는 소문만 믿으라

《손자병법》구지(九地) 편에 "쓸데없는 미신과 의심만 없으면 죽음에 이르기까지 못 갈 곳이 없다(禁祥去疑 至死無所之 금상거의 지사무소지)"라는 말이 있다. 우리는 이 말을 경영에 필히 적용해야 한다. 유언비어가 나돌아서 기업에 부정적인 분위기가 형성되고 사태가 점점 악화되다 보면 걷잡을 수 없는 지경에 이를 수도 있다.

기업도 당연히 사람이 하는 일이라 사람들의 마음가짐에 따라 향방을 달리할 수 있는 것이다. 특히 경영위기 상황에서는 이미 사내

분위기가 크게 침체되어 있을 수 있기 때문에 이를 더욱더 부정적으로 몰고 갈 유언비어에 대해 각별히 경계해야 한다.

조선 초기 무인으로 시작하여 정승 반열까지 올랐던 명장 최윤덕 장군이 있었다. 최윤덕 장군이 4군 개척을 위해 압록강 유역으로 출정할 때의 일이다. 장군은 출정하면서 16개의 군령을 발표한다. 군령은 곤장에 처하는 죄목과 참형에 처하는 죄목으로 구분되었는데, 그중에 "요망한 말을 해 여러 사람을 의혹하게 하는 자는 대장에게 고하여 참한다"라는 조항이 있다.

고려 시대에 기병부대인 신기군(神騎軍)을 창설해 여진 정벌에 나설 즈음에 발표한 윤관(尹瓘) 장군의 군령에도 "점쟁이 등의 허황된 말로 군사들을 현혹시킨 자는 곤장 20대에 처한다"라는 조항이 있다.

싸움을 위해 모든 준비가 끝났을 때 마지막 변수는 유언비어인 것이다. 전투를 목전에 두고 병사들의 사기를 떨어뜨리는 허망한 일거수일투족이야말로 마지막까지 경계해야 하는 최고의 요주의 대상이었던 것이다. 급변하는 사업 현장에서 기업들이 명심할 대목이다.

사회디자인연구소 김대호 소장의 저서 《대우자동차 하나 못 살리는 나라》 중에서 일부 내용을 소개한다. 일부러 제법 긴 글을 소개하는 이유가 있다. 찬찬히 읽으면서 기업의 면면을 객관적으로 바라보려고 하는 노력이 얼마나 중요한지 생각해보기 바란다.

"이슈가 되고 있는 GM 사태는 소문이 무성하다. 현재 부평공장에 터를 잡고 시작한 대우자동차는 부도 후 정리해고를 거쳐 GM에 매각돼 한국GM으로 재탄생했다. 최근 GM의 군산공장 폐쇄 결정으로 군산공장 앞에서 '공장 폐쇄 철회를 위한 전 조합원 결의대회'를 하는 노조 사태로까지 번지고 있다. 산업과 기업의 위기는 기본적으로 장사해 이익을 내지 못하는 데서 온다. 가격, 기술력, 제품력, 마케팅력 등의 문제로 인해 판매가 저조하거나, 비용(원가) 구조가 나쁘기 때문이다. 또 하나 위기의 원천은 산업·기업의 중장기적 미래 가치와 투자 가치에 대한 일에 확신(確信)을 갖지 못한 상태(狀態)에 있다.

급격한 임금 인상, 생산성에 비해 너무 높은 임금, 인력사업 구조조정의 어려움, 자동차 산업 패러다임 급변기의 정부의 한가한 대응 등은 한국 자동차산업이 공유하는 문제다. 한국GM 특유의 높은 매출원가율과 고정비는 마진이 적을 수밖에 없는 차종의 문제, 가동률 저하, 높은 이전가격(관련 기업 사이에 원재료, 제품 및 용역을 공급하는 경우에 적용되는 가격—저자 주) 등이 삼중, 사중으로 중첩돼 있다.

당연히 한국GM의 문제가 좀 더 심각하지만, 위기의 뿌리를 파헤쳐 보면 현대·기아차 역시 이 위기로부터 자유롭지 않음을 알 수 있다. 이는 한국GM에 비해 월등한 능력을 가진 현대·기아차의 주가가 말해 준다. 주가 총액이 청산가치(현재 시점에서 기업의 영업활동을 중단하고 청산할 경우 회수 가능한 금액의 가치)의 절반 수준이다."

우리는 매일같이 특정 기업에 대한 수많은 소식과 정보를 신문

기사, 방송 뉴스, 서적, 인터넷 등을 통해서 접하고 있다. 그런데 그 같은 소식이나 정보는 과연 진실일까, 아니면 소문에 불과할까? 또한 동일한 정보라 해도 외부에서 바라보는 것과 내부에서 바라보는 것은 서로 다를 수 있다.

　최근에는 매체가 다변화, 개인화되고 콘텐츠가 그동안 생각지도 못했던 도처에서 금방금방 숱하게 만들어지면서 사회적으로 가짜 뉴스에 대해 경계해야 한다는 목소리가 높다. 가짜 뉴스와 진짜 뉴스를 가려낼 줄 아는 혜안이 요구되는 시대인 것이다. 아마도 갈수록 도움이 되는 정보와 그렇지 않은 정보를 분간하는 능력이 필요해질 것이다. 그리고 사실에 근거를 둔 정확한 정보의 가치가 올라갈 것이다.

　기업 경영에서도 사실보다는 헛소문으로 인해 경영위기를 자초하는 일을 특별히 경계해야 한다. 특히 정기 인사나 갑작스런 인사명령이 있을 때에는 사실에 맞지 않는 소문이 외부나 사내에 무성하게 돈다. 예를 들면 영업 실적이 저조한 사업부가 해체된다는 소문이 돌아 조직의 사기를 꺾는 일이 종종 있게 마련이다.

　그런가 하면 아예 회사가 매각된다는 소문이 나돌면서 기업의 존폐까지도 입에 오르게 되는 경우도 있다. 이런 소문이 전혀 사실에 근거를 둔 것이 아니라면 이 얼마나 황당한 일인가. 이 같은 뜬소문은 황당함을 넘어 조직의 분위기를 심각하게 해칠 수 있기 때문에 각별히 유의해야 한다.

　기업이 유언비어에 휩쓸리지 않으려면 어떻게 해야 할까? 요컨

048

대 평소에 정확하고 진실한 내용, 즉 사실에 초점을 맞추어 이런저런 소문 따위에 흔들리지 않는 회사 운영을 해야 한다. 유언비어에 흔들리지 않고 정확하고 진실하게 사업을 운영하려고 노력할 때 조직 내에 '해보자', '할 수 있다'는 긍정의 힘이 생긴다. 그리고 이러한 긍정의 힘은 특히 경영위기에 봉착했을 때 빛을 발한다.

세상에는 수많은 문제가 있다. 그런데 문제가 있는 게 꼭 나쁜 것만은 아니다. 역으로 문제가 없다는 것은 아무것도 하지 않고 있다는 반증이기 때문이다. 기업도 매한가지다. 하물며 회사를 운영하다 보면 복잡한 사람 관계, 돈 문제, 세금 문제, 회사 운영상의 고충으로 수시로 시련을 겪게 마련이다.

이런 시련기에 나쁜 소문에 휩쓸려 구성원들 사이에 절망적인 심리가 퍼진다면 회사는 바로 천 길 낭떠러지로 향하게 되어 있다. '문제를 해결할 수 있다'라는 마음가짐만 갖추고 있으면 고난을 극복할 수 있다. 기업이 위기에 빠졌을 때 조직 구성원들이 우선적으로 해야 할 일은 문제의 핵심과 원인을 정확히 바라보는 것이다. 그리고 그를 통해 발견해 낸 대안을 즉시 행동으로 옮기는 것이다.

실제로 기업들 사이에서는 정확하지 않은 소문으로 낭패를 보는 경우가 비일비재하다. 이건 약간 다른 차원의 이야기일 수도 있는데, 소문의 위험성을 인지시켜 주기 위해 소개한다.

어느 날 갑자기 알 수 없는 번호로 필자에게 한 통의 전화가 걸려 왔다. 아는 사람 소개로 내게 전화를 했다는 것이다. 4억원이 넘는 세금(부가가치세)이 세무서로부터 고지가 되었는데 이를 어떻게 해야 하는지 묻는 상담 전화였다. 어느 법인 설립 시에 대표이사 이름을 빌려주었다는 것이다. 아무것도 문제 될 것이 없다는 말에 속아서 명의를 빌려준 것이었다.

그분과 전화로 대화를 나누는 내내 필자의 정신마저 혼미해졌다. 이게 무슨 일인가 싶었다. 참으로 납득하기 어려운 상황이었다. 좀 더 자세히 들어 보니 본인이 실제로 사업을 하지 않고도 나중에 엄청난 부를 거머쥘 수 있다는 유혹에 빠져서 자신의 명의를 빌려준 것이 화근이 되었던 것이다.

이처럼 소문의 진원지를 살펴보면 거기에는 욕심이 끼어 있는 경우가 상당히 많다. 욕심 때문에 잘못된 소문을 퍼뜨리는 것이다. 많은 사람들이 일확천금의 유혹에 쉽게 빠진다는 점을 노리는 것이다. 사람이란 욕심이 가득 차면 보이는 게 없어지는 법이다. 욕심으로 인해 생각의 폭이 좁아지고 판단력이 흐려지기 때문이다.

많은 사람들이 자신의 의지가 아닌 남의 말에 쉽게 현혹되는 경우가 많다. 그처럼 소위 귀가 얇아서 이 소문 저 소문에 휩쓸리다가는 낭패를 보기 십상이다.

사업은 자신의 명의로, 자신의 판단으로 하는 것이다. 명확한 사실 관계를 살펴 관계기관에 도움을 받거나 전문가, 경험자에게 도움을 받아 자신의 '본업'에 집중해야 한다. 기업 운영 역시 소문에는 귀를 닫고 본업에만 충실할 때 위기를 극복하고 성장해나갈 수 있다.

기업은 이익을 내기 위해 존재하는 곳

《손자병법》화공(火攻) 편에 "임금은 분노로 인해 군사를 일으켜서는 안 되며, 장수는 성난 일로 인해 전투에 끌어 들여서는 안 된다. 이익에 합치되면 움직이고, 이익에 합치되지 않으면 중지해야 한다(主不可以怒而興師 將不可以慍而致戰 合於利而動 不合於利而止 주불가이노이흥사 장불가이온이치전 합어리이동 불합어리이지)"라는 말이 있다.

'이익에 합치되면 움직인다.' 이 말은 어떻게 해석할 수 있을까? 이것은 기업을 운영하는 모든 사장님들에게 많은 생각을 하게 하는 문장이다.

현재 이름만 대면 알 만한 월마트, 삼성, 구글, 애플, 마이크로소프트, BMW 그룹처럼 수많은 기업들이 상상조차 하지 못할 '영업이익'을 달성하고 있다. 또한 이들 기업은 현존하는 기업 중에서도 이른바 초일류기업으로 발돋움하여 당당하게 살아남았다. 반면 역사 속으로 이름도 없이 사라진 기업들도 적지 않다.

기업은 항상 경영위험과 재무위험을 안고 무한경쟁 속에서 생존을 위해 소리 없이 전쟁을 치르고 있다. 경영위험(Business Risk)은 기업의 미래 영업이익의 불확실성으로 인해 발생하는 것이다. 경영위험은 미래의 경기전망과 기업이 속해 있는 산업의 전망 등에 달려 있다. 기본적으로 기업의 자산 구성이 어떠한가에 달려 있다고 할 수 있다.

재무위험(Financial Risk)은 타인자본(금융기관 차입금 등)의 사용으로 인해 발생하는 위험을 말한다. 타인자본을 사용하면 원금과 이자를 상환해야 하기 때문에 '이익'이 나지 않으면 추후 채무불이행 발생 위험에 노출된다.

모든 사람과 조직은 존재의 이유가 있기 마련이다. 기업은 존재 이유에 대한 명확하고 확고한 인식이 필요하다. 처음에는 대부분 돈을 벌기 위해서, 먹고살기 위해서 기업을 시작한다. 하지만 끝도 없는 우주 속 행성처럼 기업은 점점 더 거대해진다. 과연 기업(企業)이란 무엇이며, 왜 존재하는가?

사전에 보면 기업이란 '영리(營利)를 얻기 위하여 재화나 용역을 생산하고 판매하는 조직체'라고 명시되어 있다. 기업은 생산하고 판매하여 '이익'을 남겨야 운영할 수 있다. 그래서 기업은 위험을 감수하더라도 이익을 남기기 위해 애를 쓰는 것이다.

그런데 단지 이뿐만이 아니다. 사람들은 지구상에서 엄청난 부를 축적하고 있는 기업들에 언젠가부터 사회적 책임을 요구하기 시작했다. 이러한 분위기는 점차 대기업뿐만 아니라 중소기업에까지 번지고 있는 현실이다.

사회에서 함께 공존하는 일원으로서 기업이 사회와 환경에 미치는 영향, 기업 활동으로 야기되는 문제점들에 대해 함께 책임의식을 가져 달라고 요구하고 있는 것이다. 그러므로 이제 기업은 영리 활동을 할 때 사회적, 환경적 요소까지 고려해야 한다.

오늘날에는 이처럼 기업의 사회적 책임(CSR, Corporate Social Responsibility)이 기업 활동에 굉장히 중요한 요인으로 작용한다. 윌리엄 워서(William Werther)와 데이비드 챈들러(David Chandler)에 따르면, 기업의 사회적 책임은 '과정'인 동시에 '목표'이다. 기업이 이익을 낸다는 것은 곧 '생존'을 한다는 것을 의미하는데, 그 생존 과정과 목표에 이제 사회적 책임이 수반되는 것이다.

실상 사회와 환경의 생존에 해를 끼치면서 기업이 이익을 얻으며 생존해 나가기란 점점 더 어려워지는 시대다. 우리나라도 심각한 미세먼지와 극심한 무더위로 이미 뼈저리게 느끼고 있지만, 세계 곳곳을 보아도 지구 온난화와 환경오염으로 기상 이변이 속출하고 있다. 그 결과 지구상에 살고 있는 모든 생명체는 생존의 위협을 느끼지 않을 수 없게 되었다.

한 TV 다큐멘터리에서 북극곰의 삶을 다루었는데 굉장히 충격적이었다. 북극곰은 생존을 위해 북극을 횡단한다. 엄마 곰과 아기 곰이 함께 먹이를 찾아 며칠은 족히 얼음 위에 머무는 모습, 아무런 성과 없이 지친 몸을 빙산 위에 맡기고 힘없이 누워 있는 모습이 비추어졌다. 그런 영상만으로도 안타까움을 느끼기에 충분했다. 북극곰들의 생존 환경은 왜 그렇게 척박해졌을까? 온실가스로 인해 북극의 얼음이 점점 줄어들고 있기 때문이다.

상위 포식자인데도 북극곰은 먹이를 찾지 못해 피골이 상접한 모습이 최근 자주 목격되고 있다. 굶주림에 새끼 곰을 잡아먹고 남은 사체 일부를 입에 물고 있는 참혹한 광경은 우리에게 시사하는 바가 크다. 북극곰은 스스로 삶의 환경을 바꾸지 않았다. 인간들의 부의 축적에 대한 지나친 욕심으로 곰들의 생존 환경이 변화된 것이다.

앞서 기업의 사회적 책임을 과정이자 목표라고 했는데 이제 기업은 이익 창출의 과정과 목표를 기업의 사회적 책임이라는 틀 안에서 냉철하게 점검해 보아야 한다. 그러면서 과연 이익에 합치되는 경영이란 무엇인가를 심도 있게 고민해 보아야 한다. 이제 기업의 이익은 사회적 책임을 다하는 선에서 창출되어야 한다.

오늘날 기업이 스스로 변하지 않는다면 급변하는 경영환경 속에서 처참한 결과를 맞이할 수밖에 없다. 회사를 경영하려면 하루가 다르게 변화하는 사업 환경에 더욱더 민감해져야 한다. 기업의 역사를 살펴보면 과거 가내수공업(家內手工業)으로 시작해서 산업화, 공업화로 대량생산이 가능해졌으며, 여기에 정보화가 더해져 오늘날의 공룡기업 체제로 굳어졌다.

이처럼 기업은 살아남기 위해 다각도의 변화를 선택했다. 시대에 걸맞은 변화를 통해 더 많은 이익을 창출할 수 있다는 것을 몸소 학습해온 것이다. 기업은 이러한 변화의 흐름을 잘 읽어야 한다.

이 과정에서 기업은 반드시 이익에 합치된 경영을 추구해야 한다. 기업에게 '적자생존'이란 말은 없다. 유일하게 '흑자생존'만이 존재할 뿐이다.

많이 보고, 유심히 듣고, 깊이 생각하라

계획 없는 목표는 한낱 꿈에 불과하다
(A goal without a plan is just a wish).

- 생텍쥐페리

재무상태표와 손익계산서의 숫자를 활용하라

재무상태표(B/S)와 손익계산서(P/L)에서 말하고 있는 숫자의 지표가 무엇을 의미하는 것일까? 그 의미를 단 한 번이라도 진지하게 생각해본 적이 있는가? 재무상태표는 일정 시점(예를 들면 2018년 12월 31일)에 기업의 자산, 부채와 자본의 변동을 나타낸 보고서다.

재무상태표는 회사의 현금성 자산(현금 및 현금등가물)이 얼마인지, 받을 돈(매출채권)은 얼마인지, 팔 수 있는 재고자산(상품 또는 제품)은 얼마나 남아 있는지, 고정자산(토지, 건물 및 기계장치 등)의 잔존가액은 얼마인지, 지급해야 할 물품 대금(매입채무)은 얼마가 있는지, 갚아야 할 빚(차입금)은 얼마인지, 회사의 자본금(발행 주식 수 × 1주당 금액)은 얼마인지 등 많은 정보를 담고 있다.

손익계산서는 일정 기간(예를 들면 2018년 1월 1일~2018년 12월 31일) 동안의 기업의 경영성과를 나타낸 보고서를 말한다.

세무사 사무실, 회계법인에서 10여 년 넘게 근무하면서 회사의 대표님들이 재무상태표와 손익계산서에 관심을 많이 갖고 있는 경우를 거의 보지 못했다.

"부가세는 얼마나 나오나요?"

"네, 마감 접수 후 부가세 신고서와 함께 납부서 전달드리겠습니다."

"다른 것은 필요 없어요. 납부서만 팩스로 보내 주세요. 신고서는 봐도 몰라요."

대부분 고객사의 대표님들과 직원들이 이런 식이다. 많이 보고, 유심히 듣고, 관심을 가지면 좋으련만 그냥 생각하는 것조차 싫은 기색이 역력하다.

'세무사 사무실, 회계법인에 수수료를 주고 장부 기장을 맡겨 두었으니 알아서 잘하겠지', '거기서 다 해주는 거 아냐?' 뭐 이런 식이다. 걱정스럽다. 숫자에 대한 관심도가 떨어진다. '몰라도 된다'라는 의식 자체가 더 심각하다.

납부해야 하는 세금만 궁금해한다. 당장은 틀린 말은 아니다. 납부해야 하는 자금을 조달하기 위해서 꼭 필요한 것은 세금 숫자다. 그 순간만큼은 맞다. 하지만 지속적으로 운영하는 사업의 경우 중요한 의사결정을 할 때가 반드시 오기 마련이다.

사업용 자산을 언제 사고 언제 팔 것인지, 기계장치를 구매하는 데 부족한 현금은 얼마인지, 필요한 운전자금을 추가로 대출받을 수 있는지, 신용평가기관이나 은행에서 우리 회사 신용등급이 몇 등급으로 평가되는지, 몇 달 후 현금은 충분한지, 원리금 상환은 언제부터 도래하는지 등을 파악해놓지 않으면 회사에서 중요한 의사결정을 해야 할 일이 발생할 경우 참으로 막막할 수밖에 없다.

"중국 양나라 때 무제(재위 502~549)의 명을 받아 주흥사(周興嗣, 470 추정~521)가 하룻밤 사이에 《천자문》을 만들었다. 수염과 머리카락이 온통 새하얘지고, 집에 돌아와서는 두 눈의 시력을 잃었다. 주흥사는 죽을 때까지 마음을 제대로 가누지 못했다고 한다.

중국 남북조시대(南北朝時代)의 산수시인(山水詩人) 사령운(謝靈運)은 반나절 동안 시 100편을 지었는데, 갑자기 이 열두 개가 빠져 버렸다. 또한 당나라 산수전원파 시인 맹호연(孟浩然)은 고민하면서 시를 짓다가 눈썹이 모두 떨어져 나갔다. 그리고 명나라 때 위상(魏裳)은 《초사(楚史)》 76권을 저술하고 심장의 피가 모두 말라 끝내 죽고 말았다." 이수광의 《지봉유설》에 나오는 내용이다.

고전연구회 사암 엄윤숙·한정주의 《조선 지식인의 글쓰기 노트》 중에는 이런 말이 나온다.

"자신의 모든 것을 던지는 사람 앞에서 시간 날 때 슬쩍, 심심할 때 긁적, 생각날 때 살짝 해서는 경쟁력이 없습니다."

위 내용처럼 자신의 모든 것을 던지거나, 죽기를 각오하고 실행에 옮기는 경쟁자들 앞에서 안일한 생각으로 경영한다면 그 결과는 빤하다. 더구나 오늘날처럼 무한경쟁의 시대에는 살아남을 수조차 없을 것이다. 사업은 심심해서 그냥 하는 것도, 연습 삼아 하는 것도 아니다. 하루하루 급변하는 경영 환경 속에서 무한경쟁을 하고 있는 것이 바로 우리 모두가 처한 현실이다.

경영자는 경영활동으로 발생되는 재무제표의 주요 숫자를 능숙하게 이해할 때 중대한 의사결정에 활용할 수 있다. 매월 작성된 손익계산서와 재무상태표를 간단히 활용해보자.

손익계산서

매월 발생하는 이익(매출총이익, 영업이익, 당기순이익)의 규모를 체크한다.
☞ 경영성과(이익 또는 손실)를 확인할 수 있다.

재무상태표

현금 흐름을 체크한다. (이월잔액 + 입금액 − 출금액 = 잔액)
☞ 자금의 흐름을 파악할 수 있다.

(+) 이익 운영	(−) 적자 운영
받은 돈 51억원 > 준 돈 48억원	받은 돈 49억원 < 준 돈 53억원

결국 제일 중요한 것은 무엇인가? '들어온 돈(입금)에서 나간 돈(지출)을 뺀 금액'이 (+)인지 (−)인지가 가장 중요하다.

K사는 기존 아파트형 공장 일부를 처분하고 본사를 이전했다. 본사 이전에 앞서 아파트형 공장 분양을 앞두고 회사 전체 자금흐름에 대하여 검토를 의뢰했다. 신축 아파트형 공장을 분양받기 위해서 영업실적과 재무상태의 '숫자'를 면밀히 검토, 분석하여 실제로 활용한 사례다.

다섯 채나 되는 아파트형 공장건물을 분양받기 위한 사전 분석에 들어갔다. 부족한 현금을 조달하기 위해 영업 현금흐름 분석, 금융권 차입 조달금액의 규모, 예상되는 금리(이율), 월 납입해야 하는 이자비용도 함께 검토해 입주를 무사히 마쳤다.

손익계산서와 재무상태표를 활용했기 때문에 미래 현금흐름의 과부족에 대해 자신할 수 있었다. 회사 경영 시 중요한 의사결정에 숫자를 유용하게 활용한 사례다. 매일 발생하는 모든 거래에 대해 정확하게 회계장부를 작성했기 때문에 가능한 일이었다.

현재의 경영 상태를 정확하게 인식하고 있을 때 재무상태표, 손익계산서의 숫자를 활용할 수 있다. 아울러 재정적인 안정성도 검토

할 수 있다. 과거의 숫자를 현재에 적극 활용할 때 남들보다 더 큰 경쟁력이 생긴다.

일단, 3년차 경영 계획부터 세워라

2018년 평창동계올림픽에서 아주 인상 깊게 본 경기 종목이 있다. 바로 남자 '스켈레톤' 경기다. 스켈레톤은 스켈레톤 슬레딩 (Skeleton Sledding)이라고도 한다. 북아메리카 인디언들이 겨울에 짐을 운반하기 위해 썰매를 이용하던 데서 유래했다. 바닥이 편평하고 긴 썰매인 터보건(Toboggan)의 한 종류이다.

트랙의 길이는 1,200~1,300미터다. 힘차게 썰매를 밀고 출발한다. 출발점에서 시작하여 직선코스와 S자 곡선코스, 가파른 코스를 지나 안 그래도 엄청난 속도에 가속도가 더해져서 쏜살같이 결승 지점에 도달하는 경기다.

2018년 2월 16일, 강원도 평창군 올림픽센터에서 진행된 평창동계올림픽 남자 스켈레톤 경기는 이틀에 걸쳐 진행되었다. 대한민국 윤성빈 선수는 1차 주행부터 4차 주행에 이르기까지 엄청난 속도로 질주하여 금메달을 획득했다. 4차 시기에서는 무려 50초 02라는 대단한 기록을 세웠다.

윤성빈 선수가 획득한 금메달은 대한민국 설상 종목 역사상 처음이자 아시아 최초의 스켈레톤 금메달이었다. 그날 대한민국 국민들과 해외 수많은 네티즌들의 반응은 엄청나게 뜨거웠다. '아이언맨' 헬멧을 쓰고 질주하던 윤성빈 선수의 모습은 정말이지 환상적이었다. 그 모습은 오랫동안 잊히지 않을 것 같다.

윤성빈 선수는 고등학교 체육 선생님의 소개로 스켈레톤을 시작했다. 경기 종목과 본인의 단순했던 성격이 잘 맞아 떨어졌다. 이후 부단한 노력으로 국가대표 선수가 되었다. 늦게 시작했지만 각종 대회 및 월드컵 경기에서 세계 정상권 선수들을 제치고 금메달을 따면서 자신감을 가졌다. 이후 체계적인 계획과 부단한 노력, 끊임없는 훈련으로 마침내 올림픽에서도 금메달을 획득하는 쾌거를 이뤘다.

윤성빈 선수가 과연 썰매의 불모지에서 체계적인 '계획' 없이 무작정 연습만 했다면, 올림픽에서 좋은 결과를 달성할 수 있었을까? 나는 체계적인 '계획' 없이 성공의 결과가 그냥 이루어졌다고 생각하지 않는다. 그래서 무작정 해서는 안 된다. 과거 스포츠 경기처럼 무작정 하는 훈련만으로는 원하는 결과를 이룰 수 없다. 보다 체계적이고 선수 개인별 맞춤형, 인체공학적인 훈련 계획이 있어야 한다.

4년마다 개최되는 동계올림픽에서 금메달을 따기 위해서 수많은 선수들과 관계자들은 훈련에 앞서 먼저 체계적인 '계획'을 수립한다. 먼저 1차년도 훈련 과정부터 시작해서 4차년도의 훈련 과정을 통해서 점점 기량과 기록을 향상시켜 4년이라는 기간 동안 계획된 훈련을 실행에 옮겨 조금씩 조금씩 앞으로 나아가는 것이다.

스켈레톤의 썰매는 아래를 향해 곤두박질쳐 그 목표점을 향해 질주한다. 목표한 바를 달성하기 위해서 그만큼의 절박함을 '계획'에 담을 것이다. 기업은 적어도 스켈레톤 경기 선수가 계획을 세울 때처럼 절박한 심정으로 계획을 치밀하게 세워야 한다.

크리스토퍼 콜럼버스는 스페인 이사벨 여왕의 재정적 도움을 받아 1492년에 신대륙을 발견했다. 콜럼버스는 '지구는 둥글다'라는 것을 확신했다. 그래서 큰 야심을 품고 서쪽으로 서쪽으로 뱃머리를 향하여 수많은 역경을 이겨내고 신대륙을 발견했다.

콜럼버스 역시 항해를 위한 철저한 '계획'을 수립하여 준비를 했다. 단순한 호기심과 모험심만으로는 어려웠을 것이다. 경영학자 피터 드러커도 "계획이란 미래에 대한 현재의 결정이다"라고 말했다.

지금 당신의 회사는 끝도 없는 광활한 태평양 한가운데로 출발하기 위해 지금 여기에 서 있다. '회사 경영'이라는 큰 배가 부둣가에 정박해 있다. 이제 목적지를 향해 출발하기 위해 돛을 올려야 한다. 하지만 선장도, 선원도, 항해사도 없다.

항해하는 기간 동안 필요한 에너지와 먹을 식량조차 없다. 현재 아무런 계획과 실행도 없다. 이와 같이 어려운 경영 현실을 그대로 방치한다면 배는 출발조차 할 수 없을 것이다. 설령 출발했다 해도 얼마 지나지 않아 바다 한가운데에 가라앉고 말 것이다.

경영계획은 하고자 하는 '인식'에서부터 시작한다. 당신이 지금 하고 있는 사업에 대하여 '해보자'라는 확고한 신념을 가져보자. '변

062

화하고자 하는 마음, 성공하고자 하는 마음'을 갖자!

경영계획은 사업의 발전을 생각할 때, 새로운 사업 아이템을 구상할 때, 경영진의 의식 변화가 필요할 때, 매출액이 감소했을 때, 경영 위기에 직면했을 때 문제 해결에 매우 효과적이다.

우선 지금 당장 실행에 옮길 수 있는 유비무환(有備無患)의 3년차 경영계획이 필요하다. 우선 한 달간의 계획부터 철저하게 세워보자. 유비무환, 즉 평소에 준비가 철저하면 후에 근심이 없다.

'계획'은 방향성을 잡아주는 나침반 역할을 한다. 아울러 행동의 지침서가 된다. 그냥 행해지는 일상의 업무만으로는 사업 성장에 한계가 있다. 계획을 세워 구체적인 목표점을 바라보고 나아가야 한다. 그 첫걸음을 확실하게 내딛는 길이 바로 '3년차 경영계획'이다.

PART2

3년차에 꼭 한 번은
넘어야 할 '숫자' 경영전략

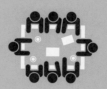

말보다는
숫자를 믿으라

경영에서 가장 중요한 것은 숫자다.

- 카를로스 곤(닛산 자동차 전 회장)

업종별로 회사에서 주목해야 할 숫자는 따로 있다

경영자의 숫자 감각만으로도 회사의 존폐가 좌우된다. 대다수 기업의 경영자들은 매출실적에 초점을 맞춘다. 하지만 그렇게 매출실적에만 초점을 맞추다가는 경영 위기를 자초할 수 있다.

각종 미디어산업 및 정보통신의 급속한 발달과 보급, 기업의 거대화, 글로벌화로 인해 기업 경영 활동은 엄청나게 광범위해지고 복잡해졌다. 따라서 운영하고 있는 산업의 환경 및 사업 구조에 따라 주목해야 할 숫자는 기업마다 제각기 달라야 한다.

제조업은 무엇보다 제조원가 비용이 단연 주목해야 할 숫자다. 제조원가란 제품을 만드는 데에 소비 또는 투입되는 재화나 용역의 합계액을 말한다. 직접 재료비, 직접 노무비, 제조 간접비로 이루어진다.

석유나 천연가스를 원료로 하여 '석유화학제품'을 만드는 산업의 경우에는 '석유' 또는 '천연가스'의 주요 원자재에 대한 '매입 가격의 숫자'에 주목해야 한다. 원활한 주요 원자재 조달도 핵심적인 요소 가운데 하나다. 결국 제조의 모든 숫자는 최고의 제품을 만드는 데 기여한다.

건설업의 경우에는 공사 기간에 맞춰 투입 예정원가를 산출하게 된다. 건설 하도급 업체의 경우에는 예정된 공사기간에 맞춰 수주를 위하여 견적서를 제출한다. 따라서 투입 비용이 어느 정도 도출되어 있어 예측이 가능하다.

그래서 건설업의 경우 '준공'을 위해 공기를 앞당기는 숫자는 무엇보다 중요하다. 현장 관리의 소홀이나 불가항력적인 사건으로 인해 공기가 지연된다면 발생할 수 있는 경영 손실은 그야말로 막대하다.

그러므로 반드시 '현장에서의 공사 진행률'에 주목해야만 한다. 건설회사에 근무하면서 건설 중인 수많은 건축물들이 준공을 맞이하지 못하고 부도를 맞는 광경을 많이 지켜봐왔다. 의도적인 공사대금 지불 지연, 악의적인 임금 체불, 재정적인 어려움 등은 결국 '공사

068

원가 관리 실패'로 연결된다. 이 모든 문제가 복합적으로 발생해 결국 공사 현장이 방치되어 흉물스러운 미완성 건물로 남는다.

도·소매업의 경우 주요 매출처 및 소비자의 수에 따라 매출실적이 영향을 받는다. 일반적으로 도매의 경우에는 상위 5~10%의 주요 판매처가 매출액의 80~90%를 차지한다. 소매업의 경우 충성 고객이 매출액 상승 기여도가 가장 높다. 따라서 주요 매출처 및 충성 고객을 통한 시장 동향 파악이 무엇보다 중요하다.

동시에 '주요 판매품목 및 판매수량'에도 주목해야 한다. 판매 수량을 토대로 시장에서의 판매가격 변동 추이, 경쟁사 제품의 판매가격 추이, 소비자들의 니즈(Needs)를 파악할 수 있기 때문이다. 주변 재래시장의 '채소 및 과일가게'의 예를 들어 살펴보면 어떤 숫자를 주목해야 할지 알 수 있다. 태풍의 영향으로 작황이 좋지 않을 때에는 매입 및 판매가격 모두 주목해야 할 숫자다.

서비스업의 경우 관련 분야의 전문 지식과 업무 실무 능력이 무엇보다 중요하다. 하지만 1장에서도 언급한 것처럼 기업은 이익을 내기 위해서 존재한다. 이익이 나지 않으면 생존 자체를 할 수가 없기 때문이다. 병원은 환자들에게 의료서비스를 제공함으로써 매출이 발생한다. 그러므로 병원은 더 질 좋은 의료서비스를 제공하기 위해서 고가의 최신 의료장비를 구입한다. 또한 권위 있는 의사를 고용하거나, 지속적으로 의료 종사자 양성을 위한 교육을 실시한다.

의료서비스 업종은 초기에 막대한 의료 장비와 시설투자, 인력

확보가 필수다. 하지만 매출 숫자보다 무리한 시설투자를 하거나 인력의 지속적인 교육 및 시설 유지비용의 숫자가 더 크다면 경영 위험성이 커질 수 있다. 그렇기 때문에 지속적인 '영업이익의 숫자'가 최우선시되어야 한다. '영업이익'의 숫자는 모든 업종 및 기업에 해당된다. 병원의 경우 무엇보다 '질 좋고 안전한 진료서비스'는 영업이익 실현을 위한 가장 좋은 투자라 할 수 있다.

무역업을 주업으로 하는 회사는 수입 및 수출에 있어 '외환 시세'에 많은 영향을 받는다. 또한 거래 대상 국가의 정치, 경제 상황의 변화에도 주의를 기울여야 한다. 필자가 경리아웃소싱을 하고 있는 D사는 해외에서 완구를 수입하여 국내에 유통하는 회사다. 평소 경쟁사 및 소비자들의 소비심리에 따라 경기가 위축되면 판매가격이 하락하는 경우가 발생한다. 따라서 판매마진 폭을 복구하기 위해서는 '수입 물품 조달 단가와 외환 시세'에 더욱더 주목해야 할 것이다.

최근 주식시장은 많은 신규 상장(IPO, Initial Public Offering) 기업의 정보가 방대하게 존재한다. 투자로 높은 수익을 창출하고자 한다면 투자자들과 이해관계자들이 반드시 주목해야 할 숫자가 따로 존재하기 마련이다. 금융감독원 전자공시시스템(http://dart.fss.or.kr)에서는 관심 있는 기업의 재무정보를 누구든 언제 어디서나 확인할 수 있도록 제공하고 있다. 기업의 재무상태, 영업성과는 물론 최대주주의 변동 및 경영권에 대한 정보도 알 수 있다.

070

사업 성공의 원칙 중 하나는 '이윤 창출'이다. 이를 위해서는 각자 기업구조에 맞는 주목해야 할 숫자가 무엇인지 정확히 파악해야만 한다. 매일 또는 월 결산보고를 통해 '주목해야 할 숫자'를 발견하기 위해 힘써야 할 것이다.

재무제표의 숫자를 신뢰하라

설립 초기 사업의 시작 단계에 있는 기업의 CEO는 회사의 경영성과 및 재무상태를 맑은 하늘에 떠 있는 양떼구름 쳐다보듯 훤히 볼 수 있다.

하지만 회사의 연차가 증가할수록 매출이 커지고, 재무상태가 복잡해지기 마련이다. 회사 구성원들이 수십, 수백, 수천 명으로 증가한다. 따라서 회사의 리더가 이 모든 일을 다 알 수도, 다 처리할 수도 없다. 그뿐만 아니라 중대한 의사결정 사항에 대해서도 혼자서 판단하기란 쉽지가 않다. 특히 수천 명의 구성원들로 이루어진 중견기업 및 대기업, 글로벌 기업들은 더욱더 기업을 관리하기가 어려워진다.

말보다는 '신뢰할 수 있는 숫자 또는 객관적인 숫자'를 살펴보고 경영 성과를 측정할 수밖에 없다. 또한 과거의 숫자만을 의지해서 중대한 의사결정을 내릴 수는 없다. 이 때문에 경영학자 피터 드러커는 "측정되지 않는 것은 관리되지 않는다"라는 말을 했다. 이것은 추측이나 감이 아닌 객관적인 숫자 정보를 이용해 경영을 해야 한다고 강조한 대목이다.

특히 회사의 재무상태 및 경영성과로 공시된 숫자가 기업의 어떤 점을 시사하고 있는지, 무엇을 의미하는지 철저히 분석하고 검토하여 사업 성공의 지름길로 가기 위한 초석을 다지는 밑거름으로 삼아야 할 것이다.

숫자를 단순히 숫자로 취급하지 말라. 좀 더 면밀하고 세밀하게 분석하여 과학적인 '경영 숫자'로 봐야 한다. 그 숫자는 모든 임직원들의 열정으로 만들어진 결과물이기 때문이다.

독자 여러분들은 아래 〈표 1〉에 나타난 숫자를 보고 쉽게 물음에 답할 수 있을 것이다.

〈표 1〉

회사	매출액	영업이익	당기순이익	매출액 성장률
X전자	1,500억원	102억원	80억원	65%
W건설	950억원	△85억원	35억원	40%
S바이오	1,000억원	35억원	10억원	23%
Z화학	850억원	△9억원	15억원	50%

- 매출액 규모가 가장 큰 회사는? X전자
- 영업 손실이 가장 큰 회사는? W건설
- 당기순이익이 가장 작은 회사는? S바이오
- 재무 건전성이 제일 좋다고 생각되는 회사는? X전자

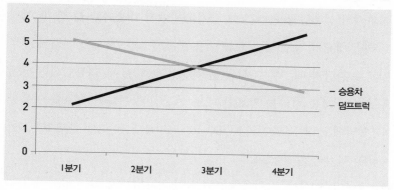

〈표 2〉 ○○자동차 회사의 매출액 추이

(단위 : 백억원)

― 승용차
― 덤프트럭

    〈표 1〉은 명확한 숫자를 볼 수 있다. 반면 〈표 2〉는 그래프를 통해 추이만을 볼 수 있다. 그러므로 〈표 2〉는 회사 재무정보에 대한 상세한 정보를 얻고자 하는 이해관계자들에게 경영성과의 지표를 알리기에는 다소 부족해 보인다.

    어떤가? 간략한 그래프보다는 제시된 숫자를 볼 때 명확하게 알수 있지 않은가? 성공하고 싶거나 잘나가는 CEO가 되려면 경영학, 경제학 박사 못지않은 다양한 '경영지식과 경영의 숫자'에 관련된 경험을 수도 없이 반복해야 한다.

    오늘날 현대사회는 다양한 매체를 통해 신속하게 제공되는 정보를 통해 커뮤니케이션을 하고 있다. 하지만 여전히 기업 성과의 지표는 숫자를 통해 나타낸다. 숫자를 통해 냉정한 평가를 받고 있는 것이다.

물론 일부 경영정보는 예외적인 경우도 있다. 하지만 신용평가 기관에서 신용등급을 매길 때, 금융기관에서 대출 심사를 할 때 여전히 재무제표의 정보 및 자료를 이용한다. 주식 투자자가 기업의 재무 정보를 판단할 때, 여론조사를 실시해 통계를 낼 때, 대통령선거 후에 투표자의 개표 결과를 발표할 때도 여전히 정형화된 숫자를 이용한다. 옛말에도 '백문 불여일견(百聞 不如一見: 백 번 듣는 것이 한 번 보는 것만 못하다)'이라는 말이 있다.

2년 전 여름, 필자가 경리아웃소싱을 담당하고 있는 고객사의 대표님을 통해 한국엔젤투자협회에서 진행되는 '전문 엔젤투자자 교육'을 이수하게 되었다. 창업을 준비하거나 설립 초창기 기업들이 투자 유치를 목적으로 IR(Investor Relation: 투자자 관계 혹은 기업설명 활동)을 진행한다. 기업 한 곳당 주어지는 시간은 불과 5~7분 이내이다. 정해져 있는 짧은 시간 동안에 모든 발표를 다 마쳐야만 한다.

투자자가 기업의 개괄적인 발표 내용만을 듣고 투자를 결심하기란 결코 쉬운 일이 아니다. 투자자는 현장에서 관심 있는 기업과 일대일 상담을 거쳐 구체적인 실사 일정을 잡는다. 이렇게 투자를 위한 실질적인 단계에 도달하게 된다. 이때 기업 실사 자료의 핵심은 재무이다.

회계 자료를 확인, 분석하는 재무 실사를 통해 산출된 실사 가치는 투자 금액 및 투자 조건을 결정하는 데 중요한 기초자료가 된다. 역시 재무실사 측정의 결과는 '숫자'로 신뢰할 수밖에 없다.

회사에서 투자 유치를 하기 위한 장밋빛 전망을 아무리 말로 떠들어봐야 투자자들은 꿈쩍도 하지 않는다. 객관적이고 신뢰성 있는 숫자를 제시하지 못한다면 투자자들은 강 건너 불구경하듯 할 것이다.

회사 경영관리는 말보다는 매월 경영성과를 '숫자'로 보고받아야 한다. 그래야 정확한 경영 상황을 파악할 수 있다. 재무제표는 최종 의사결정을 하는 유용하고 중요한 정보로 활용된다. 재무제표는 한 번은 짚고 넘어가야 할 '숫자'이다. 그것이 '경영전략'이라는 사실을 잊어서는 안 될 것이다. 재무제표의 숫자를 신뢰하라!

회사의 재정 상태를
파악하라

돈의 힘을 제대로 이해하라.

– 말콤 S. 포브스

'재정(돈)'을 바르게 알자

재정(財政)은 '돈에 관한 여러 가지 일'을 말한다. 총수입에서 총지출을 뺀 '당기순이익'의 의미를 알고 있는가? 그 '당기순이익'이 바로 회사의 재정 상태가 건강한지 아닌지를 보여준다는 사실을 인식하고 있는가? 매일, 매주, 매월 수시로 변동되는 재정(현금)의 상태를 보고하거나, 보고받고 있는가?

보통 사람들은 일상생활 속에서 '재정'이란 단어를 접하고 있지만 정확하게 그 의미를 인식하지 못한다. 그저 나라의 살림 또는 다른 사람들의 살림살이 정도로 치부할 뿐이다. 또한 그 뜻을 어렵게 생각하는 경향이 많다. **재정 = 돈, 건강한 재정 = 수입 > 지출**이라고 생각하면 간단하다. 복잡한 것일수록 단순화해서 생각할 필요가 있다. 재정이란 무엇인가? 재정은 돈이다. 그리고 수입이 지출보다 커야 건강한 재정이다.

요즘 신문이나 TV에서 흘러나오는 뉴스를 통해 재정이라는 단어를 쉽게 접할 수 있다. 나라의 빚이 증가하고 재정지출이 재정수입보다 많아 재정적자가 우려된다는 소식이다. 곧 지출이 수입보다 많다는 것이다. '재정(財政)'이라는 단어에 대해 생각하다가 우연히 기획재정부에서 발표한《월간 재정동향 2018년 8월호》를 접하게 되었다. 간략히 요약하면 아래와 같다.

수입

- 2018년 8월 중 총수입은 35.2조원(국세 23.0조원, 기금수입 15.2조원 등)
- 2018년 1~8월 누계 국세수입은 327.1조원, 전년 동기 대비 27.7조원 증가

지출

- 2018년 8월 중 총지출은 28.4조원(예산 19.0조원, 기금 9.4조원)
- 2018년 1~8월 누계 총지출은 311.1조원, 전년 동기 대비 29.1조원 증가

누계

국세수입 327.1조원 > 국세지출 311.1조원

앞의 재정동향 내용을 살펴보면 1~8월의 누계 국세수입은 327.1조원, 누계 총지출은 311.1조원으로 수입이 지출보다 크다. 따라서 1~8월 누적 통합재정수지는 16.0조원이 흑자다. 하지만 기획재정부의 《월간 재정동향》에 따르면 국가의 총수입 및 총지출이 늘고 있는 추세다.

구분	2015.12	2016.12	2017.12	2018.8
a. 총수입	371.8조원	401.8조원	430.6조원	327.1조원
b. 총지출	372.0조원	384.9조원	406.6조원	311.1조원

주목해야 할 부분은 2018년 8월 말 현재 중앙 정부의 부채가 684.7조원으로 연간 총수입 금액보다 훨씬 크다는 점이다. 부채도 해마다 늘어나는 추세로 재정 위험이 점점 증가하고 있다는 점도 주목해야 한다.

대한민국은 1997년 외환위기 당시 IMF(국제통화기금)의 도움을 받아 온 국민이 슬기롭게 재정적 어려움을 극복해냈다. 어느새 만 20년이 지났다. 대한민국 경제도 제법 재정 운영의 규모가 나날이 커지고 있고, 국가 부채도 계속 늘어나고 있는 실정이다. 최근 문재인 정부 들어 재정지출의 확대 추세가 지속되는 모양새다.

경제 성장에 따라 재정수입이 뒤따라 주지 못한다면 재정 악화가 심화될 것은 뻔해 보인다. 물론 재정이 일정하게 좋은 상태로 유지되기는 어렵다. 회사의 재정 상태를 파악하기 위해서는 지구 밖 우주 속의 별을 관찰하듯 해야 한다. 지구도 태양의 주위를 돌고 자전하면서 봄, 여름, 가을, 겨울 사계절을 만든다. 절기마다, 계절마다 기후가 변화무쌍하다.

회사의 재정 상황도 그렇다. 예측할 수 있는 수입은 한계가 있다. 하지만 각종 계약 및 상거래로 발생한 사건으로 뜻하지 않게 소송에 휘말리거나, 세무조사로 감당할 수 없는 세금을 추징당하는 경우 막대한 금전적 타격을 입게 된다.

그러므로 매월 재정의 흐름이 (+)인지 (-)인지 명확히 알 필요가 있다. 재정은 곧 자산이다. 그 자산을 어떤 형태로 가지고 있는가 하는 문제는 매우 중요하다. 고여 있는 물은 썩기 마련이다. 돈은 멈추지 않고 흘러 부가가치를 창출해야 한다. '재정(돈)'은 멈추지 않고 (+)로 흘러야 한다. 그것이 재정이다.

회사의 입출금 상태를 보고받으라

회사의 재정 상태를 파악하는 몇 가지 간단한 항목을 살펴보면 다음과 같다.

- 매출액이 유지 또는 상승하고 있는가?
- 통장 거래내역에서 입금이 출금보다 큰가?

– 취급하고 있는 상품 또는 제품을 판매해서 적정한 '이익'을 내고 있는가?

 (매입단가 < 판매단가)

– 매출채권(외상매출금, 받을어음)이 일정하게 정상적으로 회수되고 있는가?

– 불필요한 관리비용의 증가는 없는가?

– 부담하고 있는 금융비용(이자비용)의 금리 변동 추이는 어떤가?

위의 항목들은 결국 영업 및 운영실적에 따라 재정 상태에 반영되어 즉시 회사 재정에 영향을 미친다. 평소 고객사 재정 상태를 파악하기 위해 총계정 원장을 자주 활용하곤 한다.

[A] 회사명 : 꼼꼼 살림 주식회사

총 계 정 원 장
(기간 : 2018.01.01.~2018.12.31.)

계정과목 : 보통예금   (단위 : 원)

구분	차변(입금)	대변(지출)	잔액
전기이월	35,000,000		35,000,000
1월	1,490,000,000	1,280,000,000	245,000,000
2월	1,650,000,000	1,550,000,000	345,000,000
3월	1,370,000,000	1,360,000,000	355,000,000
	중 간	생 략	
11월	1,550,000,000	1,500,000,000	425,000,000
12월	1,680,000,000	1,580,000,000	525,000,000

* 전제 : 상환해야 할 부채(차입금 등)가 없으며, 정상적으로 매출채권 및 매입채무가 유지된다고 가정할 경우

080

[B] 회사명 : 방만 운영 주식회사

총계정원장
(기간 : 2018.01.01.~2018.12.31.)

계정과목 : 보통예금

(단위 : 원)

구분	차변(입금)	대변(지출)	잔액
전기이월	72,000,000		72,000,000
1월	1,490,000,000	1,150,000,000	412,000,000
2월	1,250,000,000	1,550,000,000	112,000,000
3월	1,370,000,000	1,560,000,000	-78,000,000
	중 간	생 략	
11월	1,250,000,000	1,700,000,000	-438,000,000
12월	1,980,000,000	1,480,000,000	62,000,000

* 전제 : 일시적인 (-)대출 및 상환이 반복되며, 정상적으로 매출채권 및 매입채무가 유지된다고 가정할 경우

위 표와 같이 'A 꼼꼼 살림 주식회사'의 보통예금에 대한 '총계정 원장'을 살펴보면 재정상태가 지출보다는 입금이 많고 매월 예금 잔 액을 안정적으로 유지하고 있어 매우 양호한 것으로 판단된다.

반면에 'B 방만 운영 주식회사'의 재정 상태는 입금과 지출이 일 정하지 않고, 자금 운영이 불안정한 상태이며 불규칙적으로 입금과 출금이 이루어지고 있는 것으로 보인다. 가까운 시일 안에 재정적인 어려움이 닥칠 가능성이 있어 보인다.

필자가 20대 시절 근무했던 전문 건설업체인 ○○건설㈜의 경

우 재정상태가 상당히 좋지 않았다. 통장에 입금되는 돈보다 지출되는 돈이 항상 더 많았다. 물품대금 및 인건비 지급일이 다가오면 수많은 매입처로부터 독촉 전화에 시달려야 했다. 자금 조달을 위해 융통어음(실제의 상거래가 없이 순수하게 자금을 조달하려고 발행한 어음)을 발행하여 명동에 있는 사채업자들에게 높은 이자를 주고 돈을 빌려야만 했다.

일시적으로 자금을 조달하는 것은 한계가 있었다. 결국 지출되는 돈이 더 많았던 이유는 영업 손실(매출액 < 투입원가 + 경비)에 있었다. 회사는 끝내 재정적 어려움으로 인해 부도를 피할 수 없었다. 그 당시 마치 하루가 1년 같았다. 이 회사는 다음과 같은 교훈을 남겼다. 과중한 '손실'을 '이익'으로 바꿀 수 없다면 잠시 사업을 중단하라. 그리고 문제점을 명확히 진단하라.

IT산업의 발달로 현대 경영 환경은 하루가 멀게 확장, 급변하고 있다. 소비자들의 다양한 욕구를 충족시키기 위해서 기업은 새로운 제품을 앞 다투어 출시하고 있다. 더 많은 이익을 창출하기 위해서 블루오션(Blue Ocean: 현재는 존재하지 않거나 알려져 있지 않아 경쟁자가 없는 유망한 시장)을 찾아 치열한 경주를 벌이고 있다. 잘나가던 회사가 경쟁 업체에서 출품한 신제품으로 인해 하루아침에 경영 위기를 맞기도 한다.

그래서 영업활동, 투자활동, 재무활동으로 창출된 이익의 재정상태를 정확히 파악해야 한다. 왠지 잘 풀리는 회사는 현재의 상황에

082

안주하지 않는다. 왜냐하면 경영환경이 끊임없이 변화하기 때문이다. 축적된 재정으로 더 낳은 미래를 위해 계속해서 새로운 성장동력을 찾고 투자한다.

지금 즉시 회사의 재정 상태를 파악하라. 매일매일 현금의 입금 및 지출 상태를 보고받으라. 보고받지 않는다면 회사에 경영 위험이 쏜살같이 찾아올 것이다.

목표를 세워 계획하고,
즉시 실행하라

이익은 우리 경제 엔진의 점화장치다.

- 찰스 스웨이어

명확한 목표의식을 가져라

사람이라면 누구나 가슴속에 인생의 목표를 가지고 살아야 한다. 사람에게 목표가 있느냐 없느냐 하는 것은 인생의 수준에 크나큰 차이를 만드는 중대한 문제다. 기업 역시 나아갈 방향을 정하고 그를 위한 명확한 목표를 세워야만 한다. 그리고 그 목표는 달성 가능하도록 정량화해야 한다. 목표는 결코 애매모호해서는 안 되기 때문이다.

어린 시절 부모님을 잃고 가난과 험난한 삶을 이겨 낸 기업가이자 성공학의 창시자로 일컬어지는 오리슨 스웨트 마든(Orison Swett

084

Marden, 1850~1924)은 목표에 관한 다음과 같은 메시지를 전한다.

목표를 세울 때 가장 중요한 것은 '어떻게 목표를 이룰 것인가?'가 아니고 '왜 목표를 수립하려 하는가?' 하는 것이다. 이에 대한 대답이 명확해질수록 목표도 더욱 뚜렷해진다는 것이다. 오리슨 스웨트 마든은 목표에 따른 계획을 수립할 때 필요한 사항을 다음의 8단계로 말해주고 있다.

1단계 : 왜 이 목표를 세웠는지 답을 해본다.

자신에게 솔직하게 말을 해본다. 삶에 대한 명확한 목표는 실행 의지를 갖게 한다. 그렇기 때문에 스스로 실천할 수 있는 가능성이 높아진다. 실행된 목표는 어느 순간 당신이 '목표를 왜 세웠는지' 그 해답을 안겨 줄 것이다. 답은 분명히 있다.

2단계 : 목표의 각 단계마다 달성 기한을 정해놓는다.

지구상에 존재하는 모든 것은 기한의 정함이 있다. 태어나면(生) 죽는다(死). 그것이 자연의 이치다. 태어나서 죽음을 맞이하는 순간, 그 생명력과 에너지는 소명을 다하여 다시 자연으로 돌아간다. 그것이 정해져 있는 기한이라는 것이다.

인류의 역사를 살펴보면 수많은 사람들이 살아가는 동안 셀 수도 없을 만큼 수많은 위대한 결과물들을 창조했다. 그리고 현재의 우리는 그처럼 과거에 지구상에 존재했던 선조들이 만들어 놓은 결과물들로 인해 다양한 혜택을 누리고 있다. 이러한 문명의 역사는 개개인이 자신의 인생에서 기한을 정해 놓고 목표를 달성해 놓았기 때문에 면면히 이어져 온 것이다. 지금의 우리에게도 똑같은 과제가 주어져 있다. 기한을 정해 놓고 그 기한 내에 목표를 달성할 수 있도록 살아가야 한다. 기약 없이 살지 말고 '언제까지' 시한을 정하고 해보겠다는 '다짐'을 해보자.

누군가는 생이 다하는 순간까지도 자기가 맡은 일을 하겠다는 목표를 가슴속에 품고 산다. 그렇게까지는 아니더라도 우선 나름대로 목표 달성을 위한 기한부터 정하는 것이다. 정해진 '기한'은 실행을 할 수 있도록 큰 도움을 준다. 구체적으로 무엇을 어떻게 하겠다는 방향도 제시해 준다. 기업도 이와 별반 다르지 않다. 기업도 설립되는 순간부터 유기체처럼 살아서 움직인다. 그런데 달성 기한이 정해져 있는 목표는 자체적으로 생명력이 생겨 스스로 움직이며 성과를 낸다.

반면에 기한이 없는 목표는 구심점이 없어서 사라지고 만다. 매년 계획되는 목표는 기한이 있어 마법처럼 한 가지씩 이루어지고야 만다. 또한 그것은 Ver0.1에서부터 Ver1.0까지 지속적으로 발전하고 나날이 새로워진다. 기한이 있어야 집중할 수 있고 결과 도출도 빠르다는 점을 명심하자.

3단계 : 목표를 이루기 위해 필요한 조건들을 열거해본다.

예를 들어 북극을 탐험하기 위해서는 지도와 나침반을 소지해야만 한다. 화성으로 향하는 우주선을 만들기 위해서는 설계도가 필수이다. 그리고 우주선을 만들기 위한 고도의 기술과 재료, 과학자들이 필요하다. 필요한 것들을 목록으로 만들어 나열해보자. 목록은 우주선을 만들기 위한 필요조건을 알 수 있게 해 준다. 이를 파악하지 못한다면 시작할 수 없다.

4단계 : 목표가 실현된 뒤의 청사진을 마음속 깊이 걸어 둔다.

필자는 결혼 뒤 내 모습을 상상했었다. '숲이 울창한 짙은 초원에, 넓은 마당이 있고 아름다운 정원이 있는 아담한 현대식 한옥집, 그곳에서 온 가족이 행복하게 사는 모습'을 상상하는 것만으로도 삶의 풍성함이 더해지고 행복감은 배로 증가한다.

기업으로 치면 '주식회사 디딤돌 컨설팅 회사가 멋진 근무환경과 복지를 누릴 수 있는 자연 환경을 갖춘 기업, 고객이 성장할 수 있도록 디딤돌 역할을 하는 가치 있는 기업, 구성원들이 함께 비전을 세워 나가는 꿈이 있는 기업이 되어 있는 모습'이 담긴 청사진을 그려 본다.

목표는 상상하고 실천하면 이루어진다. 앞으로 실현될 그 청사진을 앞에 걸어 두고 역경과 고난이 닥칠 때마다 바라보라. 그렇게 하다 보면 결국엔 한계를 뛰어넘어 목표를 실현하게 될 것이다.

5단계 : 왜 현재의 목표를 달성하지 못하는지 그 이유를 열거해보고 해결 방안을 찾는다.

문제점은 항상 존재한다. 문제는 내부 또는 외부에서 발생할 수 있다. 즉 그것은 나 자신으로부터 발생할 수도 있고, 사람 사이의 관계, 비즈니스 환경 등에서 비롯되기도 한다. 이번 연도에 목표한 매출액을 달성하지 못했다면 그 문제점을 나열해보자.

그리고 즉시 실행 가능한 해결 방안을 모색해보자. 구성원들이 목표의식이 부족해서인지, 경쟁에서 뒤처지고 있는지 어려움에 처한 이유를 냉정하고도 명확하게 규정짓자. 그러면 문제를 해결할 수 있는 돌파구가 마련될 것이다. 혹시라도 가장 가까운 곳에서부터 문제가 시작되었는지 질문해보자. 문제의 근원이 '나'로부터 시작되었는지 말이다.

6단계 : 외부환경을 통해 자신의 결심을 고수한다.

기업은 무한경쟁 시장에서 살아남기 위해 계속해서 투자를 아끼지 않는다. 사람들 또한 꿈을 이루기 위해 열정과 노력, 시간을 투자한다. 프로야구 1군 경기에서 어느 날 특정 선수가 보이지 않는다. 그리고 기억 속에서 잊혀진다.

하지만 어느 날 다시 언제 그랬냐는 듯 1군 복귀 무대에서 엄청난 활약으로 성공을 거둔다. 그렇게 다시 일어서고 성공을 거두기까지 다른 사람들은 알지 못하지만 그 선수는 열정과 노력, 시간을 아낌없이 투자했을 것이다.

물론 기업의 성장은 혼자만의 힘으로는 이루기 어렵다. 모든 구성원들의 상호작용과 관계 기업들의 성공을 위한 '결심'과 '실천'이 밑거름이 되어야 성장할 수 있다. 고난과 역경 속에서도 외부환경과의 상호작용, 격려를 통해 '성공할 것이다'라는 자신감을 유지해야 한다. 그러므로 외부환경을 통해 다시 한번 자신의 결심을 고수해보자.

7단계 : 과감하게 기회를 잡고 행동으로 옮긴다.

무슨 일이든 적절한 시기가 있기 마련이다. 너도나도 사업에 뛰어들어 성공을 이루고 나면 그때 당시 주저했던 사람들이 흔히 하는 말이 있다. "나도 그때 할 걸!" 하지만 시간은 기다려 주지 않는다. 과감한 결단과 의지, 실천만이 성공을 이룰 수 있게 한다. 자신의 의지를 의심하지 말고 일단 행동으로 옮겨 보자.

8단계 : 아침에는 계획을 세우고 저녁에는 반성의 시간을 갖는다.

기업은 관심을 갖는 만큼 성장하고 가치를 더할 수 있다. 1년 365일 '매월' 결산보고를 통해 반성의 시간을 갖자. 그러면 실수로 인한 의사결정에 대해 12번이나 냉정한 반성의 기회를 갖게 되는 셈이다. 더불어 12번의 성공 기회도 갖게 된다. 매월의 결산보고를 통해 매일 경영을 점검해야 한다. 반성을 통한 자기성찰은 성공의 필수 조건이다.

목표의식과 실행능력 테스트를 위한 21가지 문답

목표 설정은 회사의 경영 상태를 정확히 파악하는 데서부터 시작된다. 사람들이 정확한 목표의식을 가질 때 실행능력이 배가된다. 현재의 잘못된 경영 상황을 인정하고 온전히 받아들여야 한다. 그래야 주어진 비즈니스 상황과 환경을 올바로 인식할 수 있다. '할 수 있다'는 강한 실행 의지를 가지고 있는 사람에게는 모든 상황이 긍정적이고 발전적으로 흐른다.

회사에서 만든 장부는 과거 경영성과 및 재무상태를 고스란히 담고 있다. 또한 실상을 있는 그대로 말해 준다. 만들어진 재무보고서는 미래의 목표의식을 갖게 해주고, 실행할 수 있는 방향성을 제시해 준다.

아래는 오리슨 스웨트 마든이 제시한 '자신의 목표의식과 실행능력을 알아보기 위한 테스트 항목'이다. 이는 필자가 보기에 기업이 목표를 실행해 나가고, 개인이 자신의 꿈을 이루어 나가는 데 유용한 질문이라 판단된다. 회사에 한번 적용해볼 것을 권한다. 직접 실천을 해보다 보면 점점 21가지 항목에 'Yes'라는 긍정적인 답변으로 확신을 갖게 될 것이다.

〈자신의 목표의식과 실행능력을 알아보기 위한 테스트 항목〉

	질문	Yes	No
1	자신의 성공 목표를 자주 떠올리는가?		
2	현재 자신의 목표를 위해 노력하고 있는가?		
3	자신의 미래에 대해 뚜렷한 확신을 가지고 있는가?		
4	예전에 세웠던 목표들은 지금 모두 달성되었는가?		
5	자신의 목표를 달성하기 위해 다른 사람의 도움을 어떻게 이용해야 하는지 정확하게 알고 있는가?		
6	모든 일에 치밀한 계획을 세우는가?		
7	해야겠다고 생각한 일은 꼭 하고야 마는가?		
8	실패했을 때 자신을 잘 조절할 수 있는가?		
9	도움을 주는 친구가 많은가?		
10	마음으로 자기 자신을 고무시킬 수 있는가?		
11	상세한 계획표를 가지고 있는가?		
12	목표에 대한 자신감이 있는가?		
13	일에 집착하는 편인가?		
14	목표를 행동으로 실행한 적이 있는가?		
15	동료와 좋은 팀워크를 이루고 있는가?		
16	꼭 필요한 정보를 적극적으로 수집할 수 있는가?		
17	눈앞에 닥친 문제들을 잘 해결하는가?		
18	실패에서 교훈을 얻을 수 있는가?		
19	목표 달성에 필요한 좋은 습관을 가지고 있는가?		
20	시간관념이 엄격한가?		
21	목표 달성을 위해 끊임없이 노력할 수 있는가?		

목표를 세운다는 것은 경영관리에 있어 매우 중요한 사항이다. 임직원들 모두가 그 목표를 바라보고 실행해 주기를 바라는 '목표점'

이 되기 때문이다. 대표이사가 해마다 기업 신년인사를 통해 경영목표를 발표하는 이유도 여기에 있다. 가산동에 위치한 절삭공구를 전문으로 유통하는 K사는 해마다 달성해야 할 목표 매출액을 세운다.

결정된 매출액을 즉시 전체 사원들에게 공표하여 그 목표에 의미를 부여함과 동시에 공동으로 그 목표를 인식하도록 하고 있다. 또한 개인의 발전(자기계발 등)을 위한 목표도 함께 세우게 한다. 목표 달성 시 금전적인 보상 또는 인센티브 제도를 통해 보상을 해주고 있다. 이런 제도는 구성원들에게 큰 동기부여가 된다.

회사를 경영하는 CEO는 반드시 손익계산서에 나타낼 수 있는 '숫자의 목표'를 명확하게 세워야 한다. 그렇게 한다면 목표의식이 고취되고 실행능력이 한층 더 향상될 것이다.

매출이 아닌
판매이익을 집계하라

목표를 가진 사람들이 성공한다.
왜냐하면 그들은 스스로가 어디를 가고 있는지 알기 때문이다.

– 플로렌스 나이팅게일

매출보다 이익이 우선이다

한 고객사의 영업실적(매출) 보고 미팅 자리였다.
"이사님, 저희 부서는 매출실적 목표 대비 100% 달성했습니다."
"최 부장, 아주 수고 많았어요."
"이 과장, 실적보고 하세요."
"예, 저희 부서는 목표 대비 90% 달성입니다."
"목표 대비 달성률은 다 채우지 못했지만 최선을 다했습니다."
최 부장은 실적보고 후 어깨가 으쓱해진다.

구두를 통한 실적보고의 결과만 보면 아마 누가 보더라도 '최 부장'의 영업실적이 '이 과장'보다 낫다고 판단할 것이다. 하지만 필자는 보고하는 과정에서 이상한 점을 발견했다.

담당자	매입금액	판매금액	판매이익	재고 수량	달성률
최 부장	100,000원 (1,000개*100원)	125,000원 (1,000개*125원)	25,000원 (125,000원-100,000원)	0개	100% 판매
이 과장	100,000원 (1,000개*100원)	117,000원 (900개*130원)	27,000원 (117,000원-90,000원)	100개	90% 판매

위 표에서 보는 바와 같이 '최 부장은 개당 125원'에 '이 과장은 개당 130원'에 판매하였다. 최 부장의 판매이익은 25,000원이고, 이 과장의 판매이익은 27,000원이다. 이 과장은 이익을 더 많이 내는 데 집중한 것이었다. 이것이 매출 달성보다 판매 이익을 중시해야 하는 이유이다. 특히 영업사원들의 판매 실적을 따질 때에는 매출액보다는 판매이익을 집중적으로 살펴보아야 한다.

또 다른 예를 들어 보자. 유통을 주업으로 하는 두 개의 회사가 있다. 매출액과 매출총이익을 비교해 보도록 하자.

손익계산서(샘플 A)
제12(당)기 2018년 1월 1일부터 2018년 12월 31일까지

회사명 : 세모 주식회사　　　　　　　　　　　　　　　　　　　　　　　　(단위 : 백만원)

구분	제12(당)기	
	금액	
I.매 출 액		59,000
상품매출	59,000	
II.매출원가		57,000
상품매출원가		57,000
기초상품재고액	4,000	
당기상품매입액	58,000	
기말상품재고액	5,000	
III.매출총이익		2,000
IV.판매비와 일반관리비		**1,650**
급 여		740

손익계산서(샘플 B)
제09(당)기 2018년 1월 1일부터 2018년 12월 31일까지

회사명 : 네모 주식회사　　　　　　　　　　　　　　　　　　　　　　　　(단위 : 백만원)

구분	제09(당)기	
	금액	
I.매 출 액		29,000
상품매출	29,000	
II.매출원가		26,500
상품매출원가		26,500
기초상품재고액	5,000	
당기상품매입액	25,000	
기말상품재고액	3,500	
III.매출총이익		2,500
IV.판매비와 일반관리비		**1,950**
급 여		960

매출액과 매출이익을 비교해보면 그 중요성을 훨씬 잘 알 수 있을 것이다.

샘플 A와 샘플 B의 매출액과 매출총이익을 비교해보자.

(단위 : 백만원)

회사	매출액 (판매액)	매출원가 (구입비용)	매출총이익 (판매이익=마진)
세모 주식회사	59,000	57,000	2,000
네모 주식회사	29,000	26,500	2,500

'세모 주식회사'의 매출액은 '네모 주식회사'의 두 배가 넘는 규모이다. 하지만 정작 판매이익은 '네모 주식회사'보다 못하다.

위의 두 가지 사례처럼 매출 목표를 달성했거나, 매출액이 크다고 해서 회사의 재무건전성이 좋은 것은 아니다. 그럼에도 대부분의 회사들은 해마다 매출액이 증가하다 보면 판매이익보다는 매출액에 좀 더 많은 관심을 기울이는 오류를 범하고 만다.

일반적으로 회사의 규모를 판단할 때 매출액을 기준으로 판단하는 경우가 종종 있다. 영업 활동으로 발생하는 매출은 그만큼 경영에서 차지하는 비중이 크다. 그렇기 때문에 회계분식과 각종 부정을 야기하는 경우도 있다. 매출액을 부풀려 불법적으로 대출을 받는다거나, 가공 수익과 비용을 허위로 만들어 영업이익을 조작해 주가 시세에 영향을 주는 사건들이 발생하곤 했다.

그런가 하면 경영성과를 거짓으로 상향시켜 신용평가등급을 유지하는 등 부조리가 끊이지 않고 있다. 매출 조작의 이면을 보면 위장 또는 가공 매출세금계산서를 발행하거나 분식회계를 하는 등 여러 가지 방법을 동원한다. 당연히 이렇게 순간적인 유혹에 넘어가면 세법상 발생할 수 있는 위험성도 커진다. 결국 기업 스스로 경영의 위험성을 높이는 악수(惡手)를 두는 꼴이다. 그 길은 다름 아닌 내리막으로 향하는 길임을 명심해야 한다.

회사의 매출액은 그만큼 실질적인 경영에 매우 중요한 요소 중 하나다. 내부관계자 및 외부관계자들의 정보 활용, 대외적인 통계 및 평가 기준의 잣대로 활용되기 때문이다. 동일한 매출액이라 할지라도 판매이익에 집중하여 내실을 다지는 것이야말로 '내실 경영'의 기본이자 영업의 첫걸음이라 할 수 있다.

가장 큰 비용은 직원들의 이직

회사에서 가장 큰 비용 발생 요인은 직원들의 이직이다. '인사(人事)가 만사(萬事)'라는 말이 있다. 인사(人事)는 사람을 채용하고 배치하는 것이다. 만사(萬事)는 만 가지의 일을 뜻한다. 그러므로 인사가 만사라는 것은 좋은 인재를 잘 뽑아서 적재적소에 배치하면 모든 일이 술술 잘 풀리고, 모든 것이 순리대로 돌아간다는 것을 말한다. 그만큼 직원 채용은 기업 경영의 핵심이며 기업을 유지, 발전, 성장시키는 데 필수적인 요소 가운데 하나이다.

《손자병법》에 '장수는 나라의 대들보다(將者 國之輔也 장자 국지보야)'라는 말이 있을 정도이다. '대들보가 튼튼하면 나라가 강하고 대들보가 썩었으면 나라가 약하다'라고 했다. 기업의 대들보는 누구인가? 바로 회사의 임직원들이다.

기업을 운영함에 있어 핵심 인력은 그 무엇보다 중요한 회사의 중대 자산이라 할 수 있다. 핵심 인력이 이직하면 회사의 손실은 막대하다. 직원 한 사람을 채용하여 짧게는 수년 또는 수십 년간 교육해 훌륭한 인재로 키운다.

그렇게 만들어진 인재들은 출중한 능력과 실력을 갖춘 핵심 일원으로 자리 잡는다. 그 구성원들은 회사와 함께 성장하는 큰 동력이 된다. 회사와 구성원들이 이러한 관계를 잘 유지하면 결국 회사와 구성원들 모두가 함께 성장하며 상생의 길을 걷게 된다.

성실과 신용을 좌우명으로 큰 기업을 이룩한 고(故) 정주영 회장의 일화를 소개한다. 그는 외국 기업가 및 경제 정책 전문가들과 접할 기회가 많았다. 그곳에서 그들은 정주영 회장에게 한결같은 질문을 했다. 자원도 자본도 없는 한국이 도대체 어떻게 그토록 비약적인 경제 발전을 이루었는가 하는 것이었다. 그때마다 정주영 회장은 간단하고 명확하게 대답했다.

"그것은 바로 세계에서 가장 우수하고 근면한 민족인 우리 국민이 이룬 업적입니다."

바꾸어 말하면 기업은 창의적인 창업주의 불굴의 의지와 부지런하고 진취적인 구성원들의 실천력을 구심점으로 해서 성장한다. 창업주와 구성원들이 혼신의 힘을 다했을 때 기업은 빛을 발하는 것이다. 이렇듯 회사에 필요한 물적 자원도 중요하지만 기업에 생명력을 불어넣는 임직원들의 인적자원은 그야말로 그 무엇과도 비교될 수 없는 것이다.

과거에도 그랬고 오늘날에도 그리고 미래에도 천연자원이 부족한 한국에서는 인적자원이 경제 발전과 기업 성장에 있어 가장 중요한 전략적 자원이다.

5년 가까이 경리 아웃소싱을 하며 함께하고 있는 가산동 소재 K사에 근속 연수가 13년이 넘은 영업부 이○○ 부장님이 계신다. 고객사들의 전화를 응대하는 일이 힘들지만 늘 호탕하게 웃으며 한결같이 그 자리를 지키고 계신다.

아웃소싱을 시작할 즈음 함께 늦은 밤까지 주어진 업무에 책임을 다했던 기억이 난다. 부장님은 저녁을 함께 먹으며 힘들고 어려웠던 지난 시절의 이야기보따리를 풀어내곤 하셨다. 또 초창기 회사 역사에 대한 이야기도 나눴다.

이○○ 부장님은 수많은 매출 거래처에 2만여 가지가 넘는 종류의 고객 상담에도 척척 대응할 수 있는 해박한 업무지식과 실무능력을 가지고 있다. 신○○ 부장님은 경영지원부에서 영업부로 과감히 직무를 변경하여 매출향상에 기여했는데, 회사의 발전과 성장에 기여한 바가 크다. 이런 성과가 하루아침에 이루어질 수 있었겠는가? K사의 경우 이처럼 오랫동안 실력을 쌓아 온 직원들이 회사의 경쟁력이 되고 성장 동력이 된 것이 확실해 보인다.

진정한 CEO는 직원들의 이직을 절대 그냥 방치하지 않는다. 그것은 어리석은 행동이기 때문이다. 진심으로 격려해주고 칭찬해줘도 모자란다. 그러므로 지금 당장 '가장 큰 비용은 직원들의 이직'이라는 기업 경영에 있어 영원히 변함없는 사실을 깨달아야 할 것이다. 눈에 보이지는 않지만 무관심 때문에 직원들의 열정이 줄어들어 그냥 흘러가 없어져 버리는 비용이 분명 있다.

그 같은 조짐이 느껴진다면 당장 대화를 시도하라. 진실하게 대화에 임하라. 왜 그런 문제점이 발생했는지 그 이유를 질문하라. 그이유가 사장에게 있는지, 회사에 있는지, 직원들에게 있는지, 주어진 업무에 있는지, 아니면 또 다른 것에 있는지 물어보라. 일단 대화로 소통을 시도하는 것이 중요하다. 그렇게 진심으로 대화하다 보면 그동안에 미처 발견하지 못했던 불통의 원인을 찾게 될 것이다.

지구상에 존재하는 부존자원(한 나라가 가지고 있는 자연, 노동, 자본을 총칭하는 말)은 유한하다. 하지만 무(無)에서 유(有)를 창조하는 인간의 창의와 노력은 무한하다. 그렇기 때문에 직원들의 잦은 이직은 가장 큰 비용이고 낭비다.

　밖에서 찾지 말라. 안에서 찾으라. 부단히 노력하는 한 사람의 직원이 99%의 매출액을 달성하고, 1%의 창의적인 직원이 미래 회사의 비전을 만든다. 이 말을 무조건 믿어라. 이 말에 확신을 가져야 한다.

　CEO는 직원들에게 마음을 다해야 한다. CEO가 마음을 다해야 직원들도 마음을 다한다. 발생할 수 있는 직원들의 이직 비용을 제거하는 것이야말로 3년차에 꼭 한 번은 넘어야 할 경영전략 중 하나다.

고객의 숫자를 늘리는
'역량'에 투자하라

기억하라. 당신이 도움을 원한다면 그것은 당신의 손끝에 있다.
나이가 들면서 당신이 다른 손도 가지고 있음을 기억하라.
첫 번째 손은 당신을 돕기 위한 것이고,
두 번째 손은 다른 사람들을 돕기 위한 것이다.

– 오드리 헵번

비용은 고객 숫자를 늘리는 데 사용하라

'여성들에게 편리한 월경의 날을 제공해주자'라는 모토로 소녀들에게 생리대를 기부하는 업체가 있다. ㈜이지앤모어라는 기업인데, EASE & MORE 두 단어가 만나 탄생하게 된 회사로 여성들의 편안한 월경을 위해 다양한 서비스를 제공하고 있다. 이지앤모어라는 회사명에는 어려운 여성들을 위해 더 많은 가치를 얻을 수 있도록 한다는 의미를 담고 있다.

몇 년 전부터 홈페이지(www.easeandmore.com)를 통해 정기적으로

'Give 하기'라는 코너를 이용해서 어려운 생활환경과 재정적 어려움에 처해 있는 여성들, 저소득 및 취약계층 자녀들에게 지속적으로 생리용품을 기부해오고 있다.

"美 10대 거액기부자, 11조원 기부…빌 게이츠 부부 1위"라는 제목의 기사가 나온 걸 본 적이 있다. 미국 자선활동 전문지《크로니클 오브 필랜스로피(The Chronicle of Philanthropy)》는 '2017년 10대 거액기부자' 명단을 공개했다.

1위는 빌 게이츠 부부로 4조 9,000억원 기부, 2위는 마크 저커버그 부부로 2조 200억원, 3위는 델컴퓨터를 설립한 마이클 델과 부인 수잔 델이 1조 600억원, 4위 피츠버그 지역의 금융 서비스 사업가 헨리 힐만이 8,500억원, 5위는 식품기업 시스코를 공동 창업한 고(故) 허버트 어빙의 부인 플로렌스 어빙으로 6,400억원이었다.

정보기술 기업의 대명사로 불리는 마이크로소프트를 창업한 기업가 빌 게이츠(Bill Gates), 페이스북을 설립한 마크 저커버그(Mark Elliot Zuckerberg)는 이름만 들어도 알 수 있는 글로벌 기업의 CEO다. 투자의 귀재라는 워런 버핏(Warren Buffett) 또한 '착한 자본가'의 대명사로 거액의 기부를 통해 사회에 기업의 수익을 환원해서 많은 존경을 받고 있다.

국내의 기업인 LG전자는 멘토와 지역 대학생과의 만남을 추진하고 있다. '찾아가는 멘토·멘티 만남의 날' 행사를 개최하는 것이다. 행사를 통해 청년고용 문제에 대한 상담을 하고, 청년 구직자들에게 구체적인 취업 정보를 제공하며, 직장 및 사회생활의 경험 등을 나눈다. 대기업 직원의 재능기부를 받아 사회생활의 멘토·멘티로 연결하는 프로젝트도 운영하고 있다. 또한 현장을 직접 방문해 공장을 둘러보게 해주는 등 기업현장 투어 행사도 진행하고 있다.

이처럼 기업들이 기부활동을 통해 일석이조의 효과를 누리고 있다. 기업 이미지를 좋게 하면서 고객까지 확보하게 되는 것이다. 하지만 아직도 많은 기업들이 이러한 사회적 참여에 비용을 투자하기보다는 매출 증대 및 상품 브랜딩을 하기 위해 막대한 광고비와 마케팅 비용을 소비하고 있다.

그러나 앞에서 기업의 사회적 책임이 이익으로 연결된다는 것을 강조했듯이 이것은 이제 거부할 수 없는 기업을 향한 시대적 요구이다. 실제로 이익을 창출하는 기업의 입장에서 사회적 책임을 다하기 위해 다양한 분야와 장소에서 사회공헌 활동을 벌이고 있다. 기부활동을 펼치고 사회적 책임을 다하려는 기업들의 이런 노력은 이제 기업 경영의 필수 코스로 자리매김하고 있다.

재화와 서비스를 시대에 맞게 변화시키는 노력 또한 멈추지 말아야 한다. 소비자들에게 판매되는 재화 및 서비스는 시대에 따라 변한다. 또한 고객들의 요구에 따라 점진적으로 종류가 많아지고 다양해진다. 경우에 따라서는 없어지거나 전혀 새로운 재화 및 서비스가 등장하기도 한다.

에니악(ENIAC)은 1946년 미국의 P. 에커트와 J. W. 모클리가 제작한 세계 최초의 컴퓨터이다. 무게만 해도 무려 30톤이며 1만 8,800개의 진공관을 사용했다. 에니악은 미국 육군의 탄도 계산을 위해 만들어졌다고 한다. 이처럼 집채만한 컴퓨터를 만든 지 73년이란 세월이 흘렀다. 현재는 어떤가? 손에 들고 다닐 뿐만 아니라 걸어 다니면서 사용하는 스마트폰이 대중화되었다.

이런 획기적인 제품 출시는 고객들의 필요나 절실한 요구가 있었기에 가능했다. 컴퓨터가 나날이 진화하는 와중에 '도대체 오늘날 소비자들은 어떤 제품이나 서비스를 요구할까?'라며 고민을 거듭한 끝에 '손에 들고 다니는 컴퓨터'인 스마트폰이 만들어졌다. 그리고 스마트폰으로 세계는 하나가 되었다. 이처럼 시대를 관통한 수많은 발명품이 있지만 고객들의 욕구를 충족해주지 못해 소멸한 제품들도 많다.

기업은 이윤을 남겨 미래에 재투자를 한다. 투자는 다시 이윤을 창출해 준다. 이윤창출의 중심에는 고객이 있다. 고객들이 진정으로 무엇을 원하는지 고민하여 고객의 숫자를 늘리는 곳에 비용을 지출하자.

기업의 이미지를 만드는 비용이 따로 있다

여러 사람들을 만나다 보면 하나같이 인상이나 이미지, 에너지가 다르다. 기업도 저마다 풍기는 이미지나 생각나는 CI(Corporate Identity)가 다르다. 여기서 CI란 경영방법의 하나로서 기업의 이미지를 통합하는 작업을 말한다. 기업의 이념, 목표, 행동, 표현 등을 통일시켜 기업의 정체성을 확립하는 것이다. CI를 통해 소비자에게는 지명도와 신뢰도를 높이고, 사원들에게는 기업이 추구하는 가치를 공유하도록 한다. 정보화시대로 변화하고 경영환경이 갈수록 복잡해지면서 기업의 정체성을 표현하는 데뿐 아니라 적극적인 마케팅 활동과 경영환경 개선에 필수적인 작업으로 인식되고 있다.

또한 기업들 간에 동일한 제품을 팔아도 추구하는 마케팅 전략과 이미지가 제각기 다양하다. 많은 기업들이 직접적인 서비스 또는 제품 판매 광고를 넘어 '이미지 광고'를 통한 기발한 마케팅 전략을 구사하고 있다.《브랜드 스토리 10가지 기법》의 김태욱 저자는 말한다.

"기업 이미지 관리에서 근래 브랜드 스토리텔링(Brand Storytelling) 기법이 주목을 받고 있다. 브랜드 스토리텔링이란 브랜드를 위한 스토리 셀링(Story Selling)이라고 할 수 있다. 즉, 고객에게 스토리를 들려주고 스토리를 구매하게 하는 것이다."

이처럼 최근 기업들의 마케팅 전략은 상품의 가치를 직접적으로 보여주는 것을 넘어 소비자들의 감성에 호소하는 식으로 바뀌었다. '재미있다', '참신하다', '웃기다', '궁금하다', '감동적이다' 등등 소비자들의 감성을 터치해야 하는 것이다.

이런 식으로 이미지로 공감하게 만들어 기업들은 소비자들의 삶 속에 함께 자리한다. 기업 이미지 광고가 일상 속 대화의 주제가 되기도 하고, 이미지 광고를 패러디한 또 다른 창작 이미지가 만들어지기도 한다.

특히 요즘 소비자들은 착한 기업을 선호한다. 사회에 유익을 주는 선행을 하는 기업의 이미지를 높이 사고 그 기업의 제품을 구매하면서 지지 의사를 표현하기도 한다. '발 없는 말이 천리 간다'는 말처럼 '선행'은 발이 없어도 천리(千里), 만리(萬里)를 간다. 동영상과 SNS 이용률이 매우 높아져서 실시간으로 생중계된다고 해도 과언이 아니다.

추워지는 연말연시면 TV에서는 늘 '불우이웃 돕기' 성금 모금 프로그램이 방영된다. 프로그램을 진행하는 아나운서들이 기부에 동참한 사람들을 소개하는 멘트는 대개 이렇다. "번창공업 회사의 대표이사 ○○○님이 5백만원을 후원하셨습니다." "대박건설 ○○○사장님과 임직원 일동이 1,000만원을 후원하셨습니다." TV 속에 비친 사람들은 성금을 내기 위해서 너도나도 손에 돈 봉투를 들고 줄지어 선다.

신문과 TV, 라디오가 언론 매체의 전부였던 시절에는 이러한 성금 모금 프로그램이 기업이 기부를 공개적으로 하는 대표적인 자리였다. 하지만 이제 언제 어디서든 SNS에 의해 기업 선행에 대한 홍보가 가능하다. 기업들 사이에서 선행이 일상화되는 이유이다. 기업은 필히 사회와 함께해야 한다는 인식이 매체의 다양화와 함께 더욱 강해진 측면이 있는 것이다. 기업들은 이러한 현실을 직시하고 적응해야 한다.

기업은 끊임없이 성장을 갈구한다. 성장을 통해 보다 넓은 시장을 점유하고 동시에 재화와 서비스를 소비자들에게 지속적으로 공급하고자 노력한다. 대한민국이 한창 경제 발전을 이루던 시절에 공장에서 찍어 내기만 하면 무조건 팔리던 시대는 벌써 옛 이야기가 되었다. 단순히 생산한 제품과 서비스만을 공급하는 것을 넘어 그 이상의 욕구를 채워 줘야 하는 시대다.

언젠가 가족들과 함께 점심을 먹기 위해 ○○설렁탕 식당을 방문한 적이 있다. 음식을 남기지 않고 다 먹으면 일정 금액이 어려운 이웃에게 기부가 된다는 문구가 눈에 들어왔다. 음식쓰레기를 줄여 자연환경을 지키고, 어려운 사람들까지 도울 수 있다니, 그야말로 일석이조 아닌가! 맛있게 먹고 기분 좋게 선행까지 한다고 하니 기꺼이 동참하지 않을 이유가 없지 않은가? 특별한 광고를 본 것도 아니었는데 그 회사의 이름과 이미지가 오래도록 기억에 남았다.

기업은 발생한 이윤을 재투자해 다시 더 큰 이윤을 창출한다. 물론 임직원들과 매출 증대를 위해 지출되는 비용으로 효과를 기대하는 것도 나쁘지 않다. 하지만 더불어 살아가는 현대사회에서는 사람들의 삶의 질 개선, 지구환경 문제 개선에 동참하는 것도 재투자의 한 방법이 될 수 있다. 그 비용은 현재의 고객뿐 아니라 미래의 고객까지도 포용할 수 있을 것이다.

아이들이 초등학생이던 때 잡월드(Job World)라는 곳에 함께 갔다. 입점된 수많은 기업들의 체험 부스에서 여러 가지 직업을 체험할 수 있는 곳이었다. 비행기 조종사, 소방관, 요리사, 우주비행사, 자동차 디자이너, 의사 등이었다. 참여한 기업들은 체험 부스 입점을 통해 어린이들에게 기업의 브랜드를 노출시킨다. 미래의 고객을 확보하는 데 기꺼이 비용을 지출하는 것이다. 또한 기업들은 키자니아(어린이를 위한 직업 체험 테마파크)에도 체험부스를 마련해 자라나는 어린이들에게 기업의 좋은 이미지를 심어 주고 있다. 실제로 체험 부스에 참여한 기업들의 브랜드 인지도가 매우 높아졌다고 한다.

이러한 마케팅은 기업 브랜드 이미지를 제고하는 데 아주 효과적이다. 매출 및 영업이익 증대로 이어지는 효과를 낳고 있다. 여기에 쓰는 비용은 고객에게 기업의 좋은 이미지를 심어 주기 위해서 지출되는 투자 비용이다.

기업 이미지의 경우 외부에서 소비자가 알고 있는 것과 내부 회사 임직원들이 근무하면서 느끼는 온도차는 크기 마련이다. 30대 초반 벤처기업에 입사지원을 하고 면접 전과 후가 많이 달랐던 경험이 있다. 당시 필자는 채용광고에서 풍기는 기업의 이미지에 대한 막연한 상상과 기대감으로 희망에 부풀어 있었다. 하지만 막상 입사하고 나니 도전적인 업무를 하기보다는 여느 회사와 다를 바 없이 그저 하나의 구성원에 지나지 않는다는 느낌이 들었다.

기업 이미지는 대외적으로 잘 보이기 위한 것이 아니다. 그리고 설령 그렇게 겉으로만 기업 이미지를 좋게 한다고 이미지가 좋아지는 것이 아니다. 누구나 사진과 동영상 촬영이 가능한 스마트폰을 손에 쥐고 있고, 대부분 SNS를 하고 있는 현실에서 가식적인 이미지 연출은 불가능에 가깝다. 오히려 기업 이미지는 사내에서부터 만들어져서 외부로 향한다고 보아야 한다. 대외적인 마케팅을 하지만 기업 자체가 변화하지 않고서는 좋은 이미지로 홍보할 수 없는 법이다.

기업의 모든 인력과 업무는 고객을 향한다. 고객들에게 보다 나은 양질의 제품과 서비스를 제공하기 위한 역할에 충실하게 된다. 다시 한 번 말하지만 판매만을 위한 광고는 이내 한계에 다다르게 되어 있다. 기업의 이미지는 혁신적인 제품 못지않은 중요한 자산이다. 기업의 이미지는 소비자들의 인식에 작용해 직간접적으로 매출에 영향을 준다.

'이미지 마케팅' 개념을 최초로 도입한 《성공적인 글로벌 기업 이미지 마케팅》의 저자 강승구 교수는 "기업이 인격체인 사람처럼 이미지를 가질 수 있느냐에 대해 많은 학자와 전문가들은 가능하다고 답한다. 기업만이 아니라 제품이나 브랜드, 매장도 이미지를 소유할 수 있는 것으로 간주된다."라고 말한다.

기업을 사람처럼 생각해야 한다는 이야기이다. 우리가 사람에게 가지는 첫인상 같은 것을 떠올려 보라. 기업도 그렇게 사람과 사람이

110

관계하는 것처럼 스스로의 이미지를 만들어야 하는 것이다.

그러므로 사람들이 가지고 있는 이미지나 성격, 인격이 기업에도 존재한다고 생각하라. 기업은 반드시 소비자에게 좋은 이미지를 풍겨야 한다. 이를 위해 지금 이 시대에 고객들이 좋게 느낄 수 있는 기업 이미지가 무엇인지 깊게 고민해야 한다.

PART3

부자 CEO가 작성하는
경영 장부의 비밀

단 1원이라도
이윤을 남겨라

이익을 내는 것이 악덕이라는 것은 사회주의자의 생각이다.
내가 생각하는 진정한 악덕은 손해를 보는 것이다.

- 윈스턴 처칠

기업은 이윤으로 살아남는다

중국 고대의 이름난 사상가이자 법가학파를 대표하는 인물로 통치술과 제왕학의 창시자인 한비자(기원전 약 280~233년)는 이익에 관하여 《설림하편(說林下篇)》에서 다음과 같이 재미있게 표현하고 있다.

"뱀장어는 뱀을 닮았고, 누에는 뽕나무 벌레와 비슷하다. 뱀을 보면 다 놀라고, 뽕나무 벌레를 보면 소름이 끼친다. 그런데도 고기잡이 어부는 손으로 뱀장어를 만지고, 여인들은 손으로 누에를 만진다."

결국 이익(이윤)이 된다면 누구나 용사가 된다. 결국엔 이 모든 것들이 이익과 결부되어 있기 때문이다. 이익(이윤)의 유혹 앞에서는 징그러운 뱀도, 뽕나무 벌레도 무섭지 않은 것이다.

기업은 저마다 지속 가능한 경영을 위한 불변의 조건을 만들어야 한다. 그중 이윤 창출은 절대적으로 빼놓을 수 없는 항목 중 하나다. 영리를 목적으로 하는 기업은 이익이 나지 않으면 생존할 수 없다. '이윤 창출'은 생존을 위한 불변의 진리다.

경영성과를 보고하는 손익계산서를 보아도 기업이 얼마나 이익을 중요시하는지를 알 수 있다. 기업의 경영성과를 보여주는 손익계산서는 무려 네 차례에 걸쳐 '이익'인지 '손실'인지를 묻고 있다.

손익계산서
제18(당)기 2018년 1월 1일부터 2018년 12월 31일까지

회사명 : 성공 주식회사 (단위 : 백만원)

구분	제18(당)기
	금액
I.매 출 액	89,000
II.매출원가	81,000
III.매출총이익…(1)	8,000
IV.판매비와 일반관리비	6,850
V.영업이익…(2)	1,150
VI.영업외수익	540
VII.영업외비용	820
VIII.법인세차감전이익…(3)	870
IX.법인세 등	214
X.당기순이익…(4)	656

첫째, 무엇보다 가장 중요한 것은 매출총이익이다. 이것은 매입가격에서 판매가격을 뺀 이익을 말한다. 매입가격보다 판매가격이

116

작다면 하나마나한 장사다. 그러므로 매출총이익을 내기 위해서는 '단 1원의 이익'도 무시할 수 없다.

둘째, 영업이익은 매출총이익에서 판매비와 일반관리비(급여 및 임차료, 물류비용, 판매촉진비 등)를 뺀 금액을 말한다. 매출총이익이 많이 났다고 해서 이익을 모두 비용으로 지출할 수 없는 노릇이다. 만약 그렇게 한다면 금융기관으로부터 조달한 금융비용(이자비용)을 지불하지 못할 가능성이 커진다.

셋째, 법인세차감전이익은 영업이익에서 영업외수익(수입임대료 및 이자수익 등)을 더하고 영업외비용(이자비용 등)을 뺀 금액을 말한다. 대한민국 국민이라면 개인, 법인을 불문하고 벌어들인 '소득(총수익-총비용)'에 대하여 세금 납세 의무를 진다. 헌법 제38조에서 "모든 국민은 법률이 정하는 바에 의하여 납세의 의무를 진다"라고 '납세의무'를 규정하고 있다. 따라서 '이익'에 대하여 국가에 세금을 부담하는 것은 피해 갈 수 없는 비용이다.

넷째, 당기순이익은 법인세차감전이익에서 법인세 등(국세와 지방소득세)을 뺀 금액이다. 주식회사의 주인은 자금을 투입한 '주주'이다. 주주는 실질적인 주식회사의 소유자로 최고 의사결정기관인 '주주총회'의 구성원이 된다. '당기순이익'에 대하여 일정 금액을 주주들에게 배당을 통해 소득을 분배한다. 그리고 남은 이익잉여금은 더 많은 이익창출을 위한 재투자로 연결하는 것이다.

임계점이란 말이 있다. 물은 100℃에 도달하면 끓기 시작한다.

하지만 99℃에 도달했을 때 가열하던 불을 끈다면 물은 더 이상 끓지 않는다. 이때 99℃가 임계점이라는 것이다. 1℃가 물을 끓게도 하고 끓지 않게도 한다. 경영에 있어 임계점은 '1원의 이익'이다. 기업은 그 임계점을 뛰어넘어야 한다. 이익과 손실은 그 경계선이 확연히 다르다. '0과 1'이라는 숫자를 아래와 같이 명확히 구분할 필요성이 있다.

판매가격 > 매입가격 = 이익, 100원 − 100원 = 0원 < 100원 − 99원 = 1원

중국은 1976년 덩샤오핑의 집권 이후 자본주의 시장경제 및 시장사회주의를 내세워 개방 정책이 시작되었다. 이후 중국은 해마다 놀라운 경제성장률을 기록하고 있었다. 국내 기업들도 한창 중국에 진출해 활로를 모색하던 때 한 사장님으로부터 들었던 말이 생각난다. "이쑤시개 1개에 1원의 이익을 붙여 20억 인구에 1개씩만 팔아도 얼마겠나? 먹고살 만하지 않겠나?" 필자에게는 그분의 이런 말이 충격적으로 다가왔다.

2,000,000,000개 × 1원의 이익 = 20억원의 이익. 이를 그냥 이론적인 이야기일 뿐이라고 치부해버릴 수 있다. 하지만 중요한 것은 '매입가격 < 판매가격'의 산식은 변하지 않는다는 것이다.

대기업들은 소규모의 자본 출자로 시작해 수천억원에서 수백조원에 달하는 큰 기업으로 성장했다. 수십만 명에 달하는 임직원들, 수

118

천억원, 수십조원의 영업이익을 실현하고 있다. 저마다 주력 업종에서 세계 1위라는 타이틀을 유지하고 있다. 그러나 그 같은 기업들도 사업 초기부터 지금까지 변함없이 지키는 것이 있다. 반드시 이윤을 남긴다는 목표의식을 잃지 않는 것이다. 기업은 이윤을 남기지 않고서는 결코 살아남지 못한다. 그래서 단 1원이라도 남겨야만 한다.

흑자도 적자도 '날 만하니까 난' 결과

회사 최고경영자의 제1원칙은 '이익'을 내는 일이다. 그러므로 CEO는 언제나 어떻게 하면 이익을 낼 수 있을까, 어떻게 하면 이익을 증대시킬 수 있을까에 대해 깊이 고민해야 한다.

필자는 25년이라는 세월 동안 직장생활을 하면서 다양한 업종의 회계, 세무, 경영, 인사, 총무 업무를 경험했다. 능력 있고 출중한 CEO 및 임직원들과도 함께 회사의 고민들을 해결해왔다. 회사의 실체가 담겨 있는 재무제표를 수백, 수천 번은 넘게 작성해왔다.

모든 회사가 일방적으로 흑자가 나는 것도, 적자가 나는 것도 아니다. 대다수의 회사가 사업 초기 충분한 자본금을 가지고 사업을 시작하는 것은 아니다. 그렇기 때문에 예상했던 매출이 발생하지 않는다면 지속적으로 회사경영을 유지하기란 쉽지 않다.

매월 지급해야 하는 인건비, 임차료(월세), 각종 관리비 등의 고정비를 감당하다가 어느 순간 경영상태가 더욱 악화되어 결국에는 사업을 포기하거나 폐업에 이른다. 그럼 흑자가 나는 회사, 적자가 나는 회사는 어떤 회사일까? 간단하다. 경영자의 의식을 들여다보면 알 수 있다. 경영자가 회사 운영과 사후관리에 대해 어떤 생각을 가지고 있는지를 보면 된다. 경영자는 항상 안테나를 곧게 세워 빠른 의식을 가지고 현 경영 상태를 인식해야 한다.

만약 계속 적자가 난다면 외부환경 탓인지, 내부관리 소홀 때문인지 빨리 인식해야 한다. 적자가 나는 요인은 여러 가지 이유가 있다. 또 문제점이 복합적으로 발생하거나 불가항력적인 요인이 존재할 수도 있다. 전체적인 경제 불황으로 소비가 위축될 수도 있고, 신흥 강자의 출현으로 매출액이 급감하는 경우도 있다. 유사 제품의 가격 경쟁력에 밀려 판매가 부진한 경우도 있다.

이 밖에도 여러 가지 원인이 있을 수 있다. 그럼에도 흑자가 나는 회사는 왜 그런 걸까? 그것은 경영자가 이익을 내야 한다는 '명확한 목표의식'을 가지고 있으며, 구체적인 '이익의 숫자(매출총이익, 영업이익, 당기순이익)'을 제시하고 실행하기 때문이다. 하지만 적자가 나는 회사는 경영자 자신이 '적자가 나도 숫자에 무관심'하다. 경영과 숫자를 분리해서 생각하는 경향이 있다. '막연히 어떻게 되겠지' 하는 생각에만 그친다.

법인 설립 후 3년이 다 되어 가지만 적자를 면치 못하고 있는 K사가 있다. 하지만 회사를 대표하는 경영자는 매달 고정적으로 나가는 임차료, 관리비, 법인카드 사용 등 지출에는 무신경하다. "지원금 수입, 매출 한 방이면 복구할 수 있다"며 자신한다. 그렇기 때문에 매출증대 또는 영업이익 창출과 상관없는 비용 지출이 계속 증가한다. 적은 매출로 많은 비용을 충당하기에는 턱없이 자금이 부족한데도 말이다.

계속되는 경영 손실과 날로 늘어나는 부채로 더 이상의 자금 조달이 어려워진다. 이쯤 되면 사업 전체를 보는 경영자의 의식이 매우 심각한 상태임을 알 수 있다. '적자가 나도 별로 심각하게 생각하지 않는 것'에 그 심각성이 있다고 볼 수 있다.

이래도 흥 저래도 흥 하는 식의 경영은 반드시 적자가 나거나 도산할 수밖에 없다. 누구나 회사 경영을 처음부터 잘할 수는 없다. 그러나 일단 경영을 시작했으면 흑자가 나는 원인이 무엇인지, 적자가 나는 원인이 무엇인지 구분지어 생각할 필요가 있다. 그 원인이 영업인지, 유통인지, 기술인지, 마케팅인지, 사람인지, 자금인지 말이다.

그래서 이익 실현 가능성이 있는 사업은 과감히 투자하고 채산성(경영에서 수입과 지출 등의 손익을 따져서 이익이 나는 정도)이 떨어지는 사업은 축소하거나 철수해야만 한다. 그렇지 않으면 적자를 면치 못해 경영 위기를 자초할 수 있다.

흑자도 미리 예상할 수 있으며, 적자도 미리 방지할 수 있다. 경영자는 흑자가 나도록 '이익의 명확한 숫자'를 계획하고 실천해야 한다는 철칙을 잊어서는 안 된다.

　경영자는 '흑자'를 내기 위해 미리 '매출 계획'과 '추정 영업이익'을 산출해보면 된다. '명확한 목표의식'을 가지고 경영계획을 세우는 것과 그렇게 하지 않는 것은 결과가 확연히 다르다.

　의약품을 도매로 유통하는 '돌돌제약 주식회사'가 있다고 가정해보자. 2018년도 경영성과를 토대로 2019년도 추정 매출액과 영업이익을 추정하여 예상 성적표를 작성해보자.

〈추정 산출 세부내역서〉

	질문	월 평균 (백만원)	연간 추정액 (백만원)
매출액	– 지역별 판매량 예상 – 대리점 판매량 예상 – 영업사원별 판매량 예상 　☞ 종합하여 월별 또는 월평균 추정 매출액 도출	3,750	45,000
매출원가	– 의약품 구입단가 및 부대비용 검토 – 국내·해외, 지역별, 품목별 판매마진 검토	3,333	40,000
판매비와 일반관리비	– 급여 등 ☞ 인력계획 수립(승진, 채용 등), 연봉협상, 최저임금 인상 검토, 상여 및 인센티브 제도, 복리후생 검토	89	1,070
	– 임차료 및 관리비 ☞ 물류창고·사무실 임차계약(연장 및 신규) 및 창고 관리 비용, 물류시설 증설 등 검토	11	130
	– 운반비(물류비용) ☞ 물류창고 임차계약(연장 및 신규) 및 창고 관리비용 검토	92	1,100
	– 기타 관리비용	18	210
영업외 수익	– 각종 인력 지원금, 정부과제 지원금, 금융상품, 이자수익 등 검토	13	150
영업외 비용	– 금융기관 차입금 조달에 따른 이자비용 등 검토	14	170

매출액

매출액 추정이 가장 중요하다. 국내외 경제상황, 시장의 현황, 소비자들의 반응, 경영 핵심 인력 및 영업담당자들, 현지 대리점장의 의견까지 수렴하여 1년 동안의 실현 가능한 목표 매출액을 추정한다.

매출원가

판매마진을 내기 위해서는 매출액 못지않게 구입단가도 매우 중요하다. 해외 수입단가, 국내 구입단가 및 부대비용 등 구매비용을 면밀히 검토하여 추정해본다.

판매비와 일반관리비

1. 고정비 : 인건비, 사회보험료, 임차료 등 일반 고정관리비 산출
2. 변동비 : 매출액에 따라 발생하는 운반비(물류비용), 마케팅 비용 등 검토

판매비와 일반관리비는 고정비와 변동비를 명확히 구분하여 산출해야 한다. 기업은 고정비와 변동비, 외부에서 조달한 자금의 상환, 금융비용을 상환할 수 있을 정도의 이익을 실현해야 하기 때문이다.

'추정 산출 내역서'를 토대로 유능한 임직원들의 능력으로 추정하여 작성된 경영성과 보고서는 다음과 같다.

추정 손익계산서
제8(당)기 2018년 1월 1일~2018년 12월 31일
제7(전)기 2017년 1월 1일~2017년 12월 31일

회사명 : 돌돌제약 주식회사   (단위 : 백만원)

과목요약(*)	제8기(당)기		제7기(전)기	
	금액	비율	금액	비율
I.매 출 액	45,000	100%	32,450	100%
II.매출원가	40,000	89%	28,540	88%
III.매출총이익	5,000	11%	3,910	12%
IV.판매비와 일반관리비	2,510	6%	2,295	7%
급여 등	1,070	2%	1,020	3%
임차료 및 관리비	130	0%	120	0%
운반비(물류비용)	1,100	2%	950	3%
기타비용	210	0%	205	1%
V.영업이익	2,490	6%	1,615	5%
VI.영업외수익	150	0%	120	0%
이자수익외	150	0%	120	0%
VII.영업외비용	170	0%	180	1%
이자비용 외	170	0%	180	1%
VIII.법인세차감전이익	2,470	5%	1,555	5%
IX.법인세 등	420	1%	192	1%
X.당기순이익	2,050	5%	1,363	4%

(*) 편의상 '과목'은 주요 항목으로만 요약

위와 같이 매출액 및 영업이익을 상향 조정하여 추정하였다.

한번 시도해보자. '미래에 이미 흑자를 냈다'고 단정해보자. 돌돌
제약 주식회사는 '흑자가 날 만하니까 난' 기업 운영을 하고 있는 것
이다.

회사의 비밀장부는
따로 없다

느린 것을 걱정하지 말고,
멈춰 서는 것을 걱정하라(不怕慢 只怕站 불파만 지파참).

– 중국 속담

알아볼 수 있는 실질적인 장부를 만들라

"어떻게 회계, 세무에 대해서 그렇게 잘 아세요? 도무지 어려워서 잘 모르겠어요. 비결이 뭡니까?"

가끔 갑작스럽게 생각지도 못한 이런 질문 공세에 당황할 때가 있다. 하지만 이런 질문에는 제법 익숙해 있다. 각종 세금 문제로 금전적으로 큰 손실을 입었다거나 직원들의 고용관계로 곤혹스러운 일을 겪고 난 사장님들이 으레 내게 묻는 말이다. 그럼 나는 이렇게 답한다.

"그거야 이 일을 오랫동안 매일같이 해서 그렇죠. 그리고 관심을 가지면 보입니다. 뭐든 개념부터 이해하면 쉬워요."

우리나라는 매년 3월 중순쯤이면 개막전을 시작으로 본격적인 프로야구 정규시즌이 시작된다. 야구는 기록의 스포츠다. 경기 중에 벌어지는 모든 상황 하나하나까지 모두 기록으로 남기는 유일한 스포츠 종목이다. 직접 경기 관람을 하지 못했다 하더라도 당일 경기 기록을 토대로 그 상황을 머릿속으로 그려볼 수 있다.

경기 내용을 재구성하는 일도 가능하다. 매년 시즌 동안 축적된 기록을 잘 활용하면 선수들의 기량, 특성, 확률, 강점, 약점뿐 아니라 앞으로의 성적까지 예측할 수 있다고 하니 기록이 얼마나 중요한지 알 수 있다.

실전에서 특정한 선수들의 과거 데이터를 활용하여 타자를 교체하거나 투수를 교체하는 등 다용도로 활용한다. 또한 기록은 야구를 더욱 풍성하고 흥미롭고 진귀하게 만든다. 야구는 오랜 기간에 걸쳐 '기록과 통계' 숫자를 분석해 이것이 승패를 좌우하는 요소로 작용한다. 이 때문에 스포츠 통계학이라는 새로운 학문이 생겨나기도 했다.

야구의 기록과 통계는 수많은 타자와 투수, 각 구단별 승률 등 '숫자 또는 백분율(%)'로 표기된다는 점에서 세무·회계와 아주 비슷한 점이 많다. 세무와 회계도 과거, 현재에 발생된 숫자나 비율을 확인하여 미래의 경영 의사결정을 하는 데 활용하기 때문이다.

이처럼 과거나 현재에 축적된 야구의 '기록과 통계'를 각 구단은 실전 경기에서 폭넓고 유용하게 활용하고 있다. 최근 미국 메이저리 그 구단에서는 기록과 통계를 바탕으로 선수의 능력치를 객관적이고 정확하게 파악한다. 선수 활용도를 극대화하기 위해 수학자, 통계학 자들을 고용해 또 다른 방법으로 야구를 재해석하고 있는 것이다.

필자가 담당하고 있는 고객사 중 S레미콘 임○○ 대표님은 세무 회계에 대해서는 잘 모른다. 하지만 매월 자기 나름대로 거래현황을 아래 표와 같이 노트에 정리하고 있다.

회계장부

(단위 : 천원, ㎡)

매출장					매입장				
일자	거래처	수량	매출액	비고	일자	거래처	수량	매입액	비고
4/6	○○건설		5,000	VAT별도	4/30	제일레미콘		56,000	VAT별도
4/12	△△주택		23,000	VAT별도	5/31	성공레미콘		47,000	VAT별도
4/16	☆☆건축		8,000	VAT별도	6/30	평화레미콘		62,300	VAT별도
4/19	◎◎건설		2,000	VAT별도					
4/23	ㅁㅁ토건		55,000	VAT별도					
		중		간	생		략		
5/18	▨▨사		11,000	VAT별도					
5/29	♤♤회관		4,500	VAT별도					
6/13	◆◆토공		3,800	VAT별도					
6/30	■■시공		175,300	VAT별도					
합계			175,300		합계			165,300	

* 메모 : 납부할 예상부가세 약 1,000천원

위 내용을 살펴보면 누구나 매출액이 매입액보다 크다(매출 액 175,300천원 〉 매입액 165,300천원)는 것을 알 수 있다. 판매이익이 10,000천원(175,300천원 - 165,300천원)이라는 사실도 파악할 수 있다.

임○○ 사장님은 사업을 시작하면서부터 10년 가까이 장부를 기록하고 있다. 기본적인 장부기록에 충실했다. 그래서 얼마를 팔아서 얼마가 남았는지 쉽게 알 수 있었다. 그리고 분기마다 부가세 신고 자료를 받으러 가면 분기에 납부해야 할 부가세도 정확히 알고 있다. 그처럼 사업에 대한 관심과 집중도가 얼마나 높은지 이분과 대화를 하면 꼭 유익한 이야기가 오간다.

회사의 장부는 발생한 거래에 대해 사실적으로 기록하는 것에서부터 시작한다. 장부 기록은 빨리 할수록 더 좋다. 그래야 정확하게 기록할 수 있기 때문이다. 회사의 비밀 장부는 따로 없다. 매일매일 '발생하고 확정된 거래'에 대하여 사실대로 정확하게 기록하면 그만이다. 회계는 원래 '장부를 기록하는 것'에서부터 출발한다.

만일 지금 당신의 회사 내부에서 매일매일 발생하는 거래에 대하여 기록하지 않거나 외부 기장을 맡겨서 반기에 한 번, 1년에 한 번 결산을 하고 있다면 그건 장부에 전혀 관심이 없는 것이나 다름없다. 이번 달 매출 실적은 얼마인지, 경영실적이 적자인지 흑자인지, 보유 예금은 충분한지 궁금해하는 것이 정상이다. 만약 그렇게 생각한다면 정기적으로 장부마감을 통한 실적 및 결산보고를 받아야 할 것이다.

중소기업과 소상공인들 대부분의 회사는 외부에 장부기장을 맡기고 있는 실정이다. 하지만 회사는 회사대로, 세무대리인은 세무대리인대로 각자만의 장부를 만든다. 무엇이 진짜 장부인지 알 수가 없다. 20년 넘게 세무회계 일을 해오면서 느끼는 것이지만 이런 현상은 아직까지도 변함없다. 그래서 경리아웃소싱을 통해 하나의 장부를 작성하여 매월 고객사와 소통하고자 노력하고 있다.

장부는 활용할 수 있어야 한다. 그러기 위해서 만드는 것이기 때문이다. 기장 수수료를 들여서 만들어 달라고 했으니 받는 그런 것이 아니다. 인류의 역사는 기록의 산물이다. 기록하지 않으면 역사는 사라지고 만다. 회사도 마찬가지다. 장부를 통해 회사의 역사를 기록해야 살아남는다.

위에서 언급한 야구의 '기록과 통계'를 경기 중에 다양한 측면에서 활용하는 것처럼 기업도 장부에 기록된 자산, 부채, 자본, 수익, 비용에 대한 '숫자와 비율'을 경영관리에 다양하게 활용할 수 있다.

아무리 봐도 '알지도 못하고 이해하지도 못하는 재무제표나 회계장부'보다는 임○○ 대표님이 기록한 장부야말로 실질적으로 활용할 수 있는 진정한 '비밀장부'라 할 수 있다.

대표님, 이달 영업이익이 얼마입니까?

만약 당신이 회사의 '최고경영자'라면 경영성과를 무엇으로 어떻게 말하겠는가? 경영성과가 '좋아졌다', '보통이다', '나빠졌다' 아니면 '이번 달 실적이 상, 중, 하' 이런 식의 표현은 어떤가? 어떤 기준으로 좋아졌는지, 나빠졌는지 알 수 있다는 건가? 도통 알 수가 없다.

너무나도 포괄적이거나 추상적인 답변이기 때문이다.

소상공인 및 일반 중소기업 사장님들이 흔히 범하는 치명적인 오류가 있다. 매일매일 반복적인 영업실적 행위만 보고 앞으로 무작정 나아간다는 것이다. 사후관리의 중요성은 잊혀진 지 오래다. 목표한 매출 실적을 달성하기 위해서 보여주기식 밀어내기, 손해를 감수한 판매도 종종 범하곤 한다.

밤낮으로 영업과 마케팅에 올인한다. 일반적으로 경영지원부서는 관심 뒤편에 있다. 매출실적을 달성하기 위해 영업, 마케팅에 지나치게 역량을 쏟으며 회사를 운영하는 경우가 다반사다. 그러나 관리부서는 전쟁터에서 후방지원 부대다. 전쟁에서 승리를 위한 요건 중 하나가 후방에서의 전쟁물자 공급 및 지원사격이다.

오랫동안 많은 업체의 회계장부 기록 및 세무신고 업무, 경영 상담을 해 왔다. 필자가 접하고 있는 대다수의 중소기업은 내부적으로 영업실적 및 재무상태 보고를 하지 않거나 못하는 경우가 많다. 해마다 높아지고 있는 최저임금으로 관리직 인력을 따로 채용해 회계 업무만 담당하게 하는 것은 현실적으로 어렵다.

당장 직원 채용을 하게 되면 급여, 퇴직금, 사회보험료, 복리후생 부담도 만만치 않다. 2019년 최저임금은 8,350원(월급 174만 5,150원)이다. 2018년 7,530원(월급 157만 3,770원)에 비해 10.9%가 상승한 금액이다. 2017년 6,470원(월급 135만 2,230원)에 비하면 29.0%로 대폭 오른 금액이다.

정말로 여의치 않은 경영환경이다. 그래서 개인사업자 및 중소형의 회사는 일반적으로 세무사 사무실이나 회계 법인에 장부 기장을 맡긴다. 그리곤 모든 것을 다 해줄 것이라는 절대적인 믿음을 갖는다. 또한 세무신고 기간이 다가와서야 납부할 세금이 얼마인지 묻는다.

대다수 중소기업 사장님들은 세무대리인들이 작성한 재무제표에 대한 관심도가 많이 떨어진다. 그래서 재무제표에 대한 이해와 신뢰도가 낮을 수밖에 없다. 그럴 수밖에 없는 이유는 여기에 있다. 1년에 단 한 번, 12월이 지난 다음 연도 3월과 5월이 돼서야 관심을 갖기 때문이다. 법인세 및 종합소득세 신고기간이 도래하는 시점에서야 잠시 지나가는 몇 마디 말로 재무상태와 영업실적을 보고받기 때문이다. 1년 동안의 거래에 대하여 꾸준히 매월 장부기장을 하지 않는 한, 그 내용을 이해하기란 결코 쉽지 않다.

회사에서 발생하는 불확실한 거래에 대하여 서로 확인, 대조하는 과정을 거치지 않는다면 세무 담당자들도 알 수가 없다. 정기적으로 회계 장부를 정확히 맞추지 않는다면 재무상태와 경영성과, 영업이익이 얼마인지 알 리 만무하다.

오랜 세월 세무회계 실무 업무를 담당하면서 늘 무언가가 마음속에 답답함으로 맴돌곤 했다. 어떻게 하면 기업의 재정 상태와 영업이익을 빨리 파악할 수 있을까? 그리고 정확한 회사의 현금 흐름을 알 수 있을까? 수도 없이 고민을 했다.

그래서 과감히 다니던 회계 법인을 퇴사하고 경리아웃소싱 회사를 설립해 직접 중소기업을 방문하기 시작했다. 회사의 대표와 경리 담당자를 직접 만나 회사의 업종과 특성, 조직 구성원들의 직무를 파악해 회사의 경영 현실을 반영한 '활용 가능한' 월 결산보고를 하기 시작했다. 무엇보다 회사의 수익(이익)구조를 정확히 파악하는 것에 초점을 두었다.

회사의 대표와 경리담당자가 '정확한 장부 기장을 하면 된다'라는 깨어 있는 의식만 있다면 가능하다고 판단했다. 그래서 매월 기업들의 월 결산을 하기 시작했다. 매출실적뿐만 아니라 그 달의 영업이익이 얼마이고, 순자산의 변동 상태는 어떤지, 그 변동 원인은 어디에 있는지, 개선할 사항은 무엇인지, 그렇게 경영 숫자를 파악하기 시작했다.

다음의 표는 매월 결산보고를 통한 고객사의 '월별 손익계산서'를 작성한 사례다.

회사명 : 왠지 잘 풀리는 주식회사   (단위 : 백만원)

과목	누적	1월	2월	3월	4~10월	11월	12월
I.매 출 액	9,058	604	685	705		875	905
II.매출원가	8,057	505	620	630	중	795	802
III.매출총이익	1,001	99	65	75		80	103
IV.판매비와 일반관리비	694	48	68	62	간	67	62
V.영업이익	307	51	(3)	13		13	41
VI.영업외수익	276	25	15	20	생	25	30
VII.영업외비용	466	34	35	38		42	45
VIII.법인세차감전이익	117	42	(23)	(5)	략	(4)	26
IX.법인세 등	11	9					3
X.당기순이익	106	33	(23)	(5)		(4)	23

위 표의 '경영실적 숫자'를 통해 유익한 정보로 활용할 수 있다.

첫째, 월별 매출액 추이를 한눈에 볼 수 있다. 매출 증가 및 감소의 원인도 분석 가능하다. 판매 가격 및 매출의 변동 상태를 확인해 시장의 흐름을 빠르게 파악할 수 있다. 이는 판매 가격 결정을 위한 중요한 자료로 활용할 수 있다.

둘째, 매출원가의 금액 및 비율을 통해 상품 또는 원재료의 구매 단가 및 조달 부대비용 증감 원인을 정확히 분석할 수 있다. 이는 효율적인 원가관리를 위한 중요한 지표로 활용된다.

셋째, 매월 지출되는 일반적인 판매비와 관리비의 변동 추이를 쉽게 파악할 수 있다. 또 계정과목별(인건비, 임차료, 광고비, 운반비 등)로 증감 요인을 분석하여 불필요한 비용의 지출을 사전에 방지하거나 절감할 수 있다. 비용 분석을 통해 판매촉진을 위한 광고비 및 운반비 지출의 효율성을 높일 수 있다.

넷째, 부담해야 하는 세금에 대한 자금흐름을 미리 파악할 수 있다. 영업이익 '경영 숫자'를 통해 금융기관에 상환해야 할 원금 및 이자가 얼마인지 확인할 수 있다. 당기순이익 규모에 따라 납부할 세금(국세, 지방소득세)도 미리 파악해 자금계획을 세울 수 있다.

무엇보다 회사가 금융기관으로부터 대출을 받아서 사용하고 있다면 '영업이익'의 숫자는 그 무엇보다 중요하다. 만성 적자에 허덕이고 있고 가까운 시일 내에 대출금 상환 기일이 도래한다고 가정해보자. 채무불이행(채무자가 채권자에게 채무의 내용을 이행하지 못하는 일)이 발생할 가능성은 거의 100%다.

그러므로 회사를 경영하는 CEO는 1년에 단 한 번이 아닌 매월 '영업이익'이 얼마인지 반드시 파악해야 한다.

134

신입사원과 임원을 다루는,
같지만 다른 경영비법

칭찬과 감사의 말로 시작하라.

- 데일 카네기

신입사원 때부터 CEO의 마인드를 습득하게 하라

당신도 처음엔 신입사원이었다. 부단한 노력과 시간 투자로 경력직 사원이 되었다. 그리고 인내와 끈기로 마침내 CEO가 되었다. 당신은 신입사원에게 CEO의 마인드를 왜 습득하게 해야 하는지 한 번이라도 생각해본 적이 있는가? 회사의 구성원들은 같은 공간 속에서 생활한다. 같은 목표를 향해 달리고 같은 에너지를 공유한다. 항상 함께 가야 한다. 그래서 사원 때부터 CEO의 마인드를 습득하게 해야 한다.

2016년 KBS에서 방영했던 드라마 〈태양의 후예〉는 시작부터 시청자들의 엄청난 반응을 불러일으켰다. 흉부외과 전문의 강모연(송혜교)과 특수부대 출신의 군인 유시진(송중기)의 러브 스토리는 시청자들의 사랑을 독차지하기에 충분했다. 필자에게도 영화 그 이상의 드라마였다. 필자는 이 드라마에서 마인드의 중요성에 대해 되새기게 되었다.

당신이 생각하는 군인정신은 무엇인가? 즉 군인이 갖추어야 할 마인드는 무엇이라 생각하는가? 다음은 〈태양의 후예〉에 나오는 한 장면이다. 유시진은 군인인 아버지에게 '군인의 명예'에 대하여 배웠다.

"군인의 길엔 진급보다 영창이 명예로운 날도 있어. 잘했다."

임무를 마치고 복귀한 아들에게 아버지가 들려주는 말이다. 유사시 긴급작전에 투입되는 유시진은 군인이라는 직업에 대해 투철한 직업관을 가지고 있었다. 유시진 대위는 이렇게 말한다.

"군인의 임무는 아이와 노인과 미인은 보호하며, 위험에 빠진 전우를 구하고, 사람들을, 사람들의 생명을 지키는 것이다."

이러한 마인드를 갖고 있기 때문에 유시진은 우루크 지진 소식을 듣고 곧바로 비행기에 오른다.

"알파팀 유시진 대위다. 모우루 지역 상황 제일 잘 아는 아무나 연결해. 끊지 말고 지금 바로!"

함께 동승한 비행기 안에서 서대영(진구) 선임상사가 유시진에게 말한다.

　서대영(진구) : "휴가는 반납하신 겁니까?"

　유시진(송중기) : "해야 할 일을 한 것뿐이지만, 존경하셔도 됩니다."

　그렇게 유시진과 그의 동료들은 '모우루'로 향한다.

　함께한 전우들, 자신이 지키던 사람들, 그리고 지키고 싶은 사람이 있는 곳으로…….

　이처럼 군인은 사병이든 장교든 군인이 되겠다는 순간부터 나라를 사랑하고, 국민의 생명을 지키겠다는 마인드부터 습득하게 한다.

　한편 강모연은 의사다.

　"이제 의업에 종사할 허락을 받으매 나의 생애를 인류 봉사에 바칠 것을 엄숙히 서약하노라."

　그녀가 의사가 되던 날 선서했던 내용이다.

　환자의 건강과 생명을 첫째로 생각하고 인종, 종교, 국적, 사회적 지위를 초월하여 오직 환자에 대한 자신의 의무를 지키고 비록 위협을 당할지라도 자신의 지식을 인도에 어긋나게 쓰지 않겠다고 선서한다.

　"의료팀 책임자는 저예요. 이게 지진이면 그 현장에 누구보다 필요한 게 우리입니다."

　강모연은 지진 현장에서 만난 유시진에게 말한다.

　생사가 오가는 지진 재난현장에서 투철한 사명감으로 의사로서 그녀가 보여주었던 말과 행동, 그리고 무엇보다 사람의 생명을 지켜내기 위하여 보여줬던 모습이야말로 의사로서 가져야 할 마인드를 확실하게 나타내 주었다.

모든 사람들이 사회에서 자신이 위치한 곳에서 투철한 사명감과 책임의식을 가지고 업무에 임한다면 어떨까? 회사의 경우 CEO는 모든 임직원들에게 회사의 미션과 비전을 명확하면서도 강하게 심어주어야만 한다. 임직원들로 하여금 아무런 생각도 없이 아침에 출근했다가 저녁에 퇴근하도록 만든다면 그 책임은 모두 CEO에게 있다.

신념도 없고 성장과 발전도 없이 반복적이고 일상적인 일만 계속한다면 어느 순간 사업은 천 길 낭떠러지로 추락하고 말 것이다. 사업은 그냥 매일의 일상이 반복되는 것이 아니라 끊임없는 도전과 열정을 요구한다. 곧 '성과'를 내야 하는 것이다.

필자가 30대 초반에 벤처기업 재무팀장으로 입사했을 때 회사에서는 최우선적으로 내게 OJT(On the Job Trainning: 직장 내에서 실시하는 교육훈련)를 받게 했다. 회사의 연혁부터 조직, 회사의 비전, 팀 또는 부서별로 담당하는 직무내용, 소관업무 및 업무의 특성, 타 부서와의 관련성, 팀 또는 부서별 업무의 상호 보완성, 내가 담당해야 할 세부 직무내용 등 내가 수행하게 될 업무와 직간접적으로 관련된 것들을 교육받았다.

그러고 나서야 업무 인수인계를 받기 시작했다. 나는 OJT를 통해 회사에 대하여 전반적인 사항을 이해할 수 있었다. 이처럼 회사는 내게 처음부터 일을 시키지 않았다. 먼저 '재무팀장'으로서 갖춰야 할 소양과 마인드부터 심어 주었다.

신입사원 때부터 CEO의 마인드를 습득하게 하는 이유를 다시 정리하면 다음과 같다.

첫째, 회사 비전의 방향성을 한곳으로 모으기 위해서다.
둘째, 비전의 가치를 모두가 공유하기 위해서다.
셋째, '사업 성공'을 위한 조직화된 힘을 극대화하기 위해서다.

집중된 조직의 힘은 실로 엄청나다. 분명 당신도 신입사원이었던 시절이 있을 것이다. 당신도 처음부터 CEO는 아니었다. 처음부터 CEO의 마인드를 습득하지도 않았었다. 시간이 갈수록 계속 경험이 쌓이고 교육을 받고 회사의 발전을 위해 끊임없이 노력한 결과 회사의 '대표이사'까지 이르게 되었을 것이다. 그런데 지금 당신의 그 같은 마인드를 신입사원이 가지게 된다면 어떨까? 신입사원 개인에게 뿐만 아니라 회사에 엄청난 득이 되지 않겠는가.

회사는 '혼자'가 아닌 '함께'의 힘으로 성장한다. 회사의 비전이 '내 꿈'이 아닌 '모두의 꿈'이 됐을 때 회사는 성공가도를 달리게 된다. 또한 그렇게 얻어진 성공은 또 다른 성공을 부르면서 사업의 선순환을 불러일으킨다.

여기까지는 인재를 채용한 이후에 직원들과 회사를 위한 마인드를 공유하자는 이야기인데, 사실 채용 전부터 회사에 맞는 인재를 찾는 지혜가 있다면 그 수고가 덜 들어갈 것이다. 필자는 2018년 8월에 글로벌경제신문의 "日 애니마인드그룹, 인공지능 이용 인재 채용"이라는 제목의 기사를 접하게 되었다. 일본의 애니마인드그룹은 AI를 사용한 인터넷 광고를 다루는 회사인데, 기업의 채용 활동 지원으로 사업 분야를 확대하면서 AI를 통해 회사에 맞는 최적의 인재를 채용한다는 내용이었다.

애니마인드가 제공하는 것은 기업의 채용 활동을 지원하는 소프트웨어다. 이 소프트웨어는 경력서와 소셜 미디어를 AI로 분석하거나 채용 진행 상황을 일괄 관리한다. AI가 지원자의 경력서를 읽고 모집하는 직종에 적합한 인재인지를 효율적으로 판정하는 기능이 주요 특징이다. 이미 제조업체와 금융업계 등 약 100곳의 기업이 도입했다고 한다.

AI 인공지능을 이용한 인재 채용이라니 새삼 놀랍다. 인사부서에서 채용공고로 인력을 충원하는 과거와는 색다른 채용 방법이다. 이는 사람들의 주관적인 판단에 따른 부분을 보완하고 지원자들에 대한 데이터를 토대로 회사의 방향과 비전에 적합한 사람들을 선별해 내는 것이다.

이처럼 최근 들어 기업들은 인력 채용 때부터 신규채용 인력이 회사의 비전에 맞는지를 판단하고자 한다. 그래서 입사시험뿐 아니라 인적성 시험을 통해 사람들이 가진 저마다의 성향과 마인드를 분석하고 있다.

임직원들의 의견에 반드시 귀 기울여라

조직의 리더는 임직원들이 지니고 있는 강점에 집중해야 한다. 그래야만 임직원들의 강력한 힘을 이끌어 낼 수 있다. 강점은 세심한 관심을 가져야만 보이는데 이것이야말로 CEO가 임직원들에 대하여 최우선적으로 해야 할 일이다. 일부 중소기업 CEO는 이런 일을 간과하여 직원들의 이직을 야기하는데, 그러면서도 직원들의 이직을 소홀히 여기는 큰 실수를 범하는 경우가 종종 있다.

물론 회사의 사장이 모든 임직원들의 강점과 약점을 다 알 수는 없다. 그러므로 적재적소에 유능한 직원들을 배치해야 한다. 일이 성과로 연결되도록 하기 위해서는 업무효율을 극대화할 필요가 있다. 직원들의 역량을 최대한 이끌어 내기 위해서는 부서(팀) 책임자의 의견에 귀 기울여야 한다.

일본 토요타가 생산방식의 기본으로 삼는 내용이 '인간성 존중에는 인간 존중의 사고방식이 전제한다'는 것인데 그에 대해 간략히 소개하면 다음과 같다.

안전이 모든 일에 우선한다.

일하는 시간과 쉬는 시간을 모두 존중한다.
무엇보다도 인간 존중과 인간성 존중을 이해해야 한다.

기업이 수단 및 수법만으로 지속적인 성장과 성과를 기대하기는
어렵다. 회사의 사장은 무엇보다 인간존중의 사고방식으로 임직원들
의 의견에 귀를 기울여야 할 것이다. 회사의 지속 가능성은 여기에서
부터 비롯된다.

서번트 리더십(Servant Leadership)이란 말이 있다. 1977년 AT&T
에서 경영 관련 교육과 연구를 담당했던 로버트 그린리프(Robert K.
Greenleaf)가 저술한 《Servant Leadership》에 처음으로 소개된 개념이
다. '서번트(Servant)'란 하인이나 종을 뜻하는 단어다. 그래서 서번트
리더십은 '섬김의 리더십'이라고도 불린다. 부하 직원이나 고객을 극
진히 떠받드는 것이 핵심 내용이다.

피터 드러커도 《미래경영(Managing for the Future)》에서 지식시대
에는 기업 내에서 상사와 부하의 구분도 없어지며 지시와 감독이 더
이상 통하지 않을 것이라고 했다. 그러므로 리더가 부하들보다 우월
한 위치에서 부하들을 이끌어야 한다는 기존의 리더십 패러다임에서
리더가 부하들을 위해서 헌신하며 부하들의 리더십 능력을 길러 주
기 위해 노력해야 한다는 서번트 리더십 위주의 패러다임으로의 전
환이 바람직하다고 볼 수 있다.

실제로 경영학계에서 서번트 리더십이라는 주제가 최근 리더십

관련 문헌에서 자주 다루어지고 있다. 경영 실무계를 살펴보면 미국의 경우 3M, 인텔, HP 등을 비롯해 많은 기업들이 교육훈련 프로그램에 서번트 리더십 워크숍을 포함시키고 있다. 이에 반해 국내 중소형의 기업에서는 아직 서번트 리더십에 대한 이해가 부족하다고 볼 수 있다. 그러므로 중소형 기업에서도 리더십 훈련 시 서번트 리더십에 관한 내용을 포함시키는 것을 고려하면 좋겠다.

서번트 리더십 프로그램에 관해서는 미국 인디애나폴리스에 있는 그린리프 서번트 리더십 센터(Greenleaf Center for Servant Leadership)가 가장 앞서 있다. 그린리프 연구소장인 스피어즈(Spears)는 서번트 리더의 주요 특성을 다음과 같이 제시했다.

경청(Listening), 공감(Empathy), 치유(Healing), 스튜어드십(Stewardship), 부하의 성장을 위한 노력(Commitment to the growth of people), 공동체 형성(Building community)이 그것이다.

리더는 조직 구성원들을 폭넓은 태도로 이해하여 진정한 의미의 공동체를 만들어 나가야 한다. 특히 공동체가 어려운 때일수록 진정한 리더십이 절실히 요구된다. 중국 고전문학 문헌 연구자이자 번역자로 활동하는 모리야 히로시는 《성공으로 가는 길 리더십》이란 책에서 '조직을 키우는 지도자의 매력'을 이렇게 표현하고 있다.

첫째, 인재를 모으는 비결을 갖추고 있다.

예를 갖추어 대접하고 겸손하게 가르침을 받으면 자기보다 백

배나 훌륭한 인재가 모여들 것이다. 경의를 표하고 그의 의견에 귀를 기울이면 자기보다 열 배 훌륭한 인재가 모여들 것이다. 상대방과 대등하게 행동하면 자신과 흡사한 인물들이 모여들 것이다. 자리에 앉아 지팡이를 쥐고 곁눈질로 지시하면 틀림없이 소인배 무리가 모여들 것이다.

둘째, 아랫사람이 섬기고픈 우두머리가 된다.

제왕학의 원전인 《정관정요(貞觀政要)》에 '명군이 명군인 까닭은 널리 신하의 의견에 귀를 기울이기 때문이다. 또한 암군(暗君)이 암군일 수밖에 없는 까닭은 군주의 비위나 맞추려는 신하의 말만 믿기 때문이다.'라는 말이 있다.

현대 사회는 정보통신 기술(Information Technology)의 발달로 지구 역사상 초고속 과학의 발전 및 기술혁신으로 엄청나게 빠른 변화가 일어나고 있다. 만약 당장 내일 아침 그동안 생각지도 못했던 획기적인 기술이나 발명품에 대한 뉴스나 기사를 접하더라도 당황하지 말아야 한다.

오늘날에는 이 같은 '급속한 변화'에 대한 인식이 무엇보다 중요하다. 시장의 흐름과 미래의 방향을 혼자서 다 알 수는 없다. 임직원들의 창의적인 의견을 지속적으로 수렴하여 미래 생존 경영을 위한 새로운 부가가치 사업을 찾아야만 한다. 이것이야말로 CEO의 진정한 자세가 아니겠는가.

장부는 회계 담당자가, 의사결정은 CEO가

나는 오랫동안 고민을 한 뒤에 열정을 따라 덜 안전한 길을 택한다.
그런 선택이 자랑스럽다.

- 아마존의 창업자이자 CEO, 제프 베조스

장부 작성에도 원칙과 기준이 있다

회사를 운영하는 사장님들은 저마다 자신만의 원칙과 소신을 가지고 있다. 창업주나 경영자의 신념, 업종에 따라 그 우선순위가 결정된다. 이익 창출, 정직, 성실, 창의성, 기술력, 열정, 안전, 혁신 등이 그것이다. 이와 같이 장부 작성에도 원칙과 기준이 있다. 회계 담당자는 회계 원칙과 세법의 기준에 따라 장부를 작성한다.

회사에서 의사결정을 하기 위해서는 객관적으로 수치화된 경영 자료가 있어야만 한다. 회사 운영을 하면서 경영자가 모든 자료를 스스로 수집하여 처리할 수는 없는 노릇이다. 경영자는 작성된 결과 값을 토대로 의사결정을 하게 된다. 그래서 최종 의사결정을 하기 위한 믿을 만한 자료가 적시에 필요하다. 그렇게 하기 위해서는 정확하고 신뢰할 만한 재무자료 및 정보가 뒷받침되어야 한다.

우리나라에는 1999년 9월 기업의 재무보고를 위한 회계처리기준의 제정을 목적으로 설립된 한국회계기준원(KAI, http://www.kasb.or.kr)이 있다. 독립적으로 운영되고 있는 민간기구다. 한국회계기준원은 국내외적으로 급변하는 사업 환경에 맞게 선제적으로 발굴, 검토, 연구하여 적절한 회계기준을 제정, 개정하는 역할을 담당하고 있다.

과거 자국 내에서만 이루어졌던 비즈니스의 영역이 국제화, 자유화, 다변화되고 있다. 다국적 기업들이 세계 곳곳으로 진출하면서 사업도 확장되고 있다. 그래서 각 나라별로 다른 기준으로 작성된 재무자료에 대해 통일된 회계기준의 필요성이 대두되었다.

각 나라마다 비슷하다고 생각하겠지만 문화적, 사회적, 경제적, 법률적인 차이로 인해 통일된 회계기준이 더욱더 절실히 필요해진 것이다. 재무보고서(재무제표 및 부속서류)는 CEO의 도덕성 못지않게 중요하게 여기는 최상위 보고서라는 점에서 더더욱 그렇다. 보고서는 정해진 기준에 따라 신뢰성 있게 작성되어야 한다.

기업에 맞는 회계기준은 여러 종류가 있다.

1. 한국채택국제회계기준(K-IFRS)

2. 국제회계기준(IFRS)

3. 일반기업회계기준

4. 특수분야회계기준

5. 중소기업회계기준

6. 비영리조직회계기준

여기에서 다 설명할 수는 없지만 일반적인 경우 소상공인 및 중소기업의 경우 「주식회사의 외부감사에 관한 법률」에 따른 법정감사가 아니라면 「일반기업회계기준」 또는 「중소기업회계기준」을 적용하여 회계처리를 하고 있다.

다양한 업종의 고객사를 접하면서 느낀 점이 있다. 재무제표는 회사의 중요한 최상위 재무보고서지만, 경영 및 세무회계에 대한 전공자가 아닌 대표님들의 생각은 사뭇 다르다. 기술, 영업, 마케팅 관련 전공을 했던 대표님들은 세무사 사무실, 회계법인 등에 장부 기장을 의뢰하면 뚝딱 만들어지는 종이비행기쯤으로 생각하는 경향이 있다. 이것은 오해 정도가 아니라 정말로 '회사 재무제표에 전혀 관심이 없다'는 충격적인 사실이다.

회계는 일반적으로 공정 타당하다고 인정된 것을 요약하여 기업회계 처리방법의 기준으로 정하도록 하고 있다. 일반원리, 손익계산서원칙, 대차대조표원칙으로 이루어져 있다. 기업의 회계처리 및 회계감사 기준이 된다. 기업회계의 일반원칙으로는 ①신뢰성의 원칙 ②명료성의 원칙 ③충분성의 원칙 ④계속성의 원칙 ⑤중요성의 원칙 ⑥안정성의 원칙 등이 있다.

우리나라 영리법인은 주로 주식회사의 형태를 취하고 있다. 주식회사 대표이사는 회사의 최고 의사결정권자이자 의사결정에 따른 책임을 감당해야 하는 위치에 서 있다. 그러므로 경영의사 결정을 내리기 전에 충분하게 재무정보를 검토, 분석하여 결정을 내려야만 한다.

그러기 위해서는 제대로 작성된 장부가 필요하다. 그 장부가 재무보고서이다. 분식이 되어 있는 장부는 신뢰성이 매우 떨어진다. 이른바 분식회계의 문제점이다. 분식회계란 기업이 경영 실적이나 재정 상태가 실제보다 좋게 보이도록 재무제표의 수치를 왜곡하는 것과 같은 부당한 방법으로 자산이나 이익을 부풀려 작성하는 회계를 말한다.

회계 장부의 신뢰성이 떨어지면 중요한 순간에 정확한 의사결정을 할 수가 없다. 재무보고서는 사실에 입각하여 과거의 정보를 이해관계자들에게 전달하는 보고서다. 입맛대로 만드는 음식이 아니다. 싱거우면 소금을 넣고, 감칠맛을 내기 위해서 갖가지 화학조미료를 넣는 것도 아니다.

옷을 입을 때 시간이 없다고 허둥지둥 첫 단추를 잘못 끼우면 낭패를 본다. 처음부터 다시 단추를 끼워야 한다. 회계와 세무도 그렇다. 하지만 원칙과 기준에 따라 처리하면 탈이 없다. 그러지 않고 원칙과 기준을 무시한다면 엄청난 세금 추징의 위험이 뒤따른다. 신용평가 하락도 감수해야만 한다.

경영도 원칙과 소신이 있는 것처럼 장부도 원칙과 기준에 따라 작성해야 한다.

중요한 의사결정은 CEO가 직접 한다

대다수 소상공인 및 중소기업은 회계, 재무 정보를 적시에 제공받아야 하는데 그것에 취약하다. 그 이유는 세금 신고와 납부를 위한 장부 기장에 치우쳐 있기 때문이다. 반년 또는 1년이 경과된 후에야 재무제표를 받아 볼 수 있다. 그래서 필요할 때 재무 정보를 활용한다는 것은 현실적으로 불가능하다.

필자가 접했던 수많은 중소기업 사장님들은 대다수가 경리직원들에게 회계에 대한 모든 것을 맡긴다. 매출 증대를 위한 기획, 기술, 영업, 마케팅에 전념하기 위해서다. 그런데 회계 담당자조차 1인 3역의 바쁜 일정과 잡무를 처리하느라 회계장부를 볼 시간이 없다. 늦은 시간까지 야근을 해보지만 끝도 없는 관리 업무에서 도저히 헤어날 수가 없다. 더더욱 서러운 것은 회계 업무가 그 누구도 알아주지 않는 사후관리 업무라는 것이다. 모두가 꺼려하는 뒤치다꺼리 업무다. 회계세무 업종도 3D 업종이 된 지 오래다.

회사는 외부기장으로 모든 것이 다 해결될 것이라는 기대를 가지고 있다. 물론 모든 중소기업 사람들이 다 그렇다는 것은 아니다. 많은 관심을 갖고 재무제표를 그때그때 중요한 의사결정에 활용하는 경영자들과 임직원들도 많다. 그렇지만 아직까지도 수많은 중소기업 대표님들을 만날 때면 항상 안타까운 마음이 앞선다. 회사의 재무제표와 장부에 많은 관심을 가져 주었으면 하는 바람이다.

사람들은 평소 세금에 대한 관심 부족으로 생각지도 못한 과중한 액수의 세금 고지서를 받고 나서야 그 심각성을 인지한다. 그래서 그때그때 일상적인 경영 의사결정과 해명을 할 수 있도록 준비되어 있어야 한다. 회계장부는 반드시 회계담당자에게 매월 마감하도록 인식을 시켜야 한다. 그렇게 월 결산을 해서 보고하도록 해야 한다.

만약 자체적으로 작성이 어렵다고 판단된다면 전문 자격사, 회계 실무 전문가가 작성한 재무제표 및 부속명세를 제출받아 면밀히 검토한 후 경영활동에 필요한 의사결정 시에 활용해야 한다.

이를 통해 회계장부상으로 회사의 재무상태가 어떤지를 살펴보아야 한다. 다음의 간단한 산식을 통해 회사의 재무상태를 파악할 수 있다.

150

자산총계 - 부채총계 = 순자산

재무상태표
제13기 2018년 12월 31일 현재

회사명 : 새싹 주식회사

(단위 : 원)

계정과목	금액	계정과목	금액
현금	1,000,000	외상매입금	120,000,000
보통예금	15,000,000	미지급금	5,000,000
외상매출금	105,000,000	미지급비용	12,000,000
미수금	500,000	예수금	2,450,000
재고자산	18,000,000	단기차입금	60,000,000
	중간	생략	
유형자산	26,000,000	자본	△33,950,000
합계(총자산)	**165,500,000**	**합계(자본과부채)**	**165,500,000**

* 총자산 : 165,500,000원 / 총부채 199,450,000원 / 총자본 △33,950,000원

- 총자산(165,000,000원)보다 총부채(199,450,000원)가 크다.
- 외상매출금(105,000,000원)보다 외상매입금(120,000,000원)이 크다.
- 가까운 시일 내에 단기차입금(60,000,000원) 상환기일이 도래한다.
- 투자한 자본금(△33,950,000원)이 잠식되었다.

　　따라서 순자산(총자산-총부채)은 (-) 상태다. 위 재무상태를 보고 어떤 의사결정을 할 수 있는가?

CEO의 의사결정

가까운 시일에 목표한 영업이익이 실현되지 않는다면 운영 및 차입금 상환을 위한 돈을 마련해야 한다. 운전자금 확보를 위한 자본금(자기자본) 증자를 고려한다. 차입금 상환 기일을 연장 또는 대환(기존 채무를 변제하기 위해 현실적인 자금의 수수 없이 형식적으로 서류상으로만 신규대출을 하여 이를 기존 채무와 상계하는 것)하기 위한 의사결정을 해야만 한다. 그것도 아니라면 매각할 수 있는 자산을 처분해서라도 부족한 자금을 조달해야만 한다.

회계장부상 회사의 경영성과 실적은?

> 총수입 – 총비용 = 순이익

경영성과는 총수입에서 총비용을 차감한 금액이다. 이익이 실현되었는지 알아보는 경영지표이다. 매출액 규모가 100억원이 넘는 회사임에도 회사의 경영성과에 도무지 관심이 없거나 재무자료를 소홀히 하는 경우를 종종 봐 왔다. 보고서에 있는 '검은 것은 글씨요, 하얀 것은 종이다'라는 생각, 그뿐이다. 물론 경영지표를 보는 만능 장부가 있거나 색다른 그 무언가가 있는지는 알 수 없다.

소상공인 및 중소기업 대표님들은 일선에서 앞장서서 일한다. 그러다 보니 회계장부 및 재무제표에 대해서 별도로 교육받을 기회가 거의 없다. 정확히 말하면 회사 재정 살림에 대해 소통할 시간이

없다. 그렇다고 나서서 배우려 하지도 않는다. 당장 생업이 먼저고 재
정에 관련된 영역은 복잡하다고 생각하기 때문이다. 먼저 자신과는
다른 세계라고 선을 긋는다. 그러다가 뜻하지 않게 세금 문제가 불거
지면 뒤늦게 관심도가 높아진다.

손익계산서
제13(당)기 2018년 1월 1일부터 2018년 6월 30일까지
제12(전)기 2017년 1월 1일부터 2017년 12월 31일까지

회사명 : 새싹 주식회사
(단위 : 원, %)

과 목	금액	비율	금액	비율
I.매 출 액	895,000,000	100%	2,345,000,000	100%
II.매출원가	775,000,000	86.6%	1,895,000,000	80.8%
III.매출총이익	120,000,000	13.4%	450,000,000	19.2%
IV.판매비와 일반관리비	130,000,000	14.5%	286,000,000	12.2%
V.영업이익	△10,000,000	△1.1%	164,000,000	7.0%
VI.영업외수익	100,000		4,500,000	
VII.영업외비용	3,450,000		5,600,000	
VIII.법인세차감전이익	△13,350,000	△1.5%	162,900,000	6.9%
IX.법인세 등	0		15,400,000	0.7%
X.당기순이익	△13,350,000	△1.5%	147,500,000	6.3%

- 당해 연도 상반기 매출액이 전년 대비 50%를 밑돈다.
- 전년 매출원가 80.8% 대비 당해 연도 비율이 86.6%로 원가 비율이 상승되었다.
- 전년 판관비 12.2% 대비 당해 연도 비율이 14.5%로 증가되었다.
- 당해 연도 영업 손실이 발생하였다.

CEO의 의사결정

위 손익계산서를 보면 2017년 연간 대비 2018년 상반기 매출액이 50% 미만임을 알 수 있다. 더욱 심각한 것은 원가율마저 상승하여 '매출총이익'이 줄었다는 데 있다. 2018년 손익계산서를 검토 분석하여 원인을 찾아야 한다.

첫째, 매출이 감소한 원인이 외부에 있는지 내부에 있는지, 판매 수량에 있는지 판매 단가에 있는지, 판매하는 자사 제품 또는 타사 제품에 있는지, 소비자들의 소비 패턴의 변화인지 등 최우선적으로 그 원인을 찾아 시급히 대책 마련을 해야 한다. 그리고 '매출 회복'을 위한 의사결정이 필요하다.

둘째, 매출원가 상승 이유가 무엇인지 정밀 분석해야 한다. 판매 단가가 하락하였는지, 하락하였다면 그 원인은 무엇인지, 아니면 구입단가가 상승하였는지 구입 부대비용이 상승하였는지 등을 파악해야 한다.

셋째, 판매비와 일반관리비의 경우 항목별 고정비는 적정한지, 판매에 따른 물류비용(운반비), 마케팅(광고선전비 등) 비용의 금액은 적정한지, 투입되는 비용이 생산성이 있는지, 불필요한 비용은 없는지 등을 냉정하게 살펴보아야 한다.

넷째, '매출', '매출총이익', '영업이익' 회복을 위한 종합적인 방안 및 대책 수립이 절실하다. 계획이 세워졌다면 '실행'을 위한 의사결정을 한다.

154

당신이 사장이라면 사업을 하는 동안은 여전히 맨 윗자리에 서 있다. 그 자리는 중대한 '의사결정'과 끊임없이 그 무언가를 '선택'해야만 하는 위치다. 순간적으로 발휘하는 직감과 임기응변식 사고로는 한계가 있다.

그동안 쌓아온 '경영숫자'를 토대로 보다 나은 미래를 위한 최고의 의사결정을 하면 된다. 결과가 좌절, 실패라도 좋다. 신중하게 고민해서 내린 '의사결정'이 실패했다 하더라도 그 경험은 반드시 당신을 더욱 단단하고 크게 성장할 수 있는 길로 안내할 것이다.

경영보고서는 연말이 아닌 매월 해야 하는 것

우리가 경영이라고 하는 것의 대부분은
사람들이 일하는 것을 어렵게 만든다.

– 피터 드러커

경영의 성과는 말이 아닌 숫자로 표현하라

경영의 성과는 '말'이 아닌 '숫자'로 표현한다. 경영보고서에 나타난 객관적인 숫자야말로 성장 경영의 출발점이라 할 수 있다. 따라서 회사 경영자는 경영보고서에 표시된 다양한 숫자를 매월 접해야 한다. 그 숫자가 의미하는 바를 이해하고 영업실적 및 재무 상태를 정확히 파악해야 한다.

앞서 거론한 피터 드러커의 "측정되지 않는 것은 관리되지 않는다"라는 말처럼 경영에서 숫자를 구체적으로 활용하는 것은 아무리

156

강조해도 지나치지 않다. 이렇듯 숫자는 경영에서 매우 중요하게 받아들여지는 지표 중 하나다.

　1597년 정유재란 당시 선조와 조정의 고위관직들은 남해안의 왜군 사정을 전혀 파악할 수 없어 왜군의 이간전략에 놀아나고 있었다. 이러한 일본군의 이간전략으로 인해 이순신은 파직되었고 후임 삼도수군통제사 원균은 조정의 명을 받고 승리를 자신할 수 없는 적진으로 나아가 죽음을 당한다. 그리고 군사들은 전멸당하고 만다. 이에 권율 장군은 원균의 참패 소식을 접하고 이순신에게 급히 도움을 요청하기에 이른다.

　《난중일기》에 1597년 7월 18일자에 기록된 그때 당시의 생생한 상황은 이러하다.

　얼마 뒤 원수(권율)가 와서 "일이 이미 여기까지 이르렀으니 어쩔 수 없다"고 했다. 사시(巳時: 오전 9시부터 11시)까지 이야기를 나누었으나 원수는 마음을 정하지 못했다. "내가 직접 해안지방으로 가서 듣고 본 뒤에 방책을 정하겠다[聞見而定(문견이정)]"고 말하니 원수가 기뻐했다.

　CEO는 경영 상황을 자신이 눈과 귀로 직접 보고 들은 후에 의사결정을 해야 한다. 《난중일기》 1597년 7월 18일자를 보면 이순신 장군은 당시 남해안에 주둔 중인 왜군의 상태와 동향을 정확히 파악하여 조정에 보고하였으나 무시당한다. 원균은 칠천량해전(漆川梁海戰)에서 대패해 전라우수사 이억기(李億祺), 충청수사 최호(崔湖) 등과 함께 최후를 맞이하고 만다.

비즈니스도 이와 다르지 않다고 생각한다. 비즈니스도 전장에서 이루어지는 처절한 생존 싸움이다. 흑자를 낼 것인가, 적자를 볼 것인가. 실패가 아닌 성공을 위한 경쟁을 할 것인가, 그리고 그 경쟁에서 승자가 될 것인가.

이순신 장군은 철저한 유비무환의 정신과 현장 경영 및 숫자 경영의 참 모습을 보여 준 사례다. 전란(戰亂) 당시 《난중일기》에 쓰인 내용을 살펴보면 알 수 있다.

《난중일기》 1592년 3월 20일자에 보면 이순신 장군은 늦게 동헌에 나가 공무를 보고 각 방(房)의 회계를 살폈다.

《난중일기》 1593년 6월 22일자에 보면 이렇게 기록되어 있다. 전선을 토괴(土塊)에 얹어 만들기 시작했는데, 목수가 214명이다. 물건 나르는 일은 본영 72명, 방답 35명, 사도 25명, 녹도 15명, 발포 12명, 여도 15명, 순천 10명, 낙안 5명, 흥양과 보성 각 10명이 했다.

그런가 하면 《난중일기》 1595년 9월 2일자에는 '재목을 끌어내릴 군사 1,283명에게 밥을 먹이고서 끌어내리게 했다.'라고 기록해 놓았으며, 1596년 2월 28일자에 보면 '군량에 대한 장부를 만들고 흥양 둔전에서 추수한 벼 352섬을 받아들였다.'라고 썼다.

이순신 장군도 전쟁 중에 경영의 시작과 끝은 기록을 통한 '숫자'였다. 또한 월이 아닌 수시로 기록을 남겨 진중의 현황을 정확하게 파악했다. 부족한 식량과 필요한 물자를 스스로 조달할 생각을 했던

158

것이다. 직접 농사를 짓고 바다에 나가 물고기를 잡아 군량을 사왔다. 해상에서 부족한 물자를 조달해 왔다. 이처럼 장수가 '진중의 상황'을 정확하게 파악하듯 CEO도 '경영의 상황'을 정확하게 인식해야 한다.

경영자는 사실을 근거로 작성된 '경영보고서'를 토대로 회사의 경영 숫자를 통제해야 한다. 매월 작성되는 재무상태표(B/S), 손익계산서(P/L), 원가보고서, 부속명세서는 특정 시점 및 일정 기간의 경영 지표를 정확히 나타내준다.

말하자면 이런 것이다. 현금성 자산은 충분한가? 재고자산의 부실화 가능성은 없는가? 금융부채가 과중하지는 않은가? 매출총이익과 영업이익은 실현되고 있는가? 판매비와 일반관리비는 적정한가? 제품을 만드는 원가비용의 추이(금액 또는 비율)는 어떠한가? 전체적인 경영의 채산성이 떨어지고 있지는 않은가?

매월 작성되는 경영보고서는 당신에게 많은 '질문'을 던질 것이다. 어떤 방향으로 경영전략(가격정책, 영업전략, 마케팅전략 등)을 세워야 할지, 어떤 잠재적 경영 리스크가 존재하는지 등 현재의 경영 상태를 판단하게 해준다. 또한 올바른 '경영 의사결정'을 할 수 있도록 도움을 줄 것이다.

연말에서야 흑자니 적자니 말하는 경영보고서는 이미 늦다. 이는 '서리가 내리고 눈이 내린 다음 사과를 수확한다'고 말하는 것이나 다름없다. 당신의 경쟁사가 누구도 상상하지 못했던 획기적인 제품이나 기술, 강력한 플랫폼, 새로운 콘텐츠를 만들었다는 뉴스가 하루아침에 발표될 수 있다.

지구상에서 새로움을 추구하는 인간들로 인해 세상은 급격하게 변화한다. 비즈니스 경영환경 또한 급변하고 있다. 그렇기 때문에 지금 당장 경영장부를 만들라! 연말이 아닌 매월 마법 같은 경영장부를 만들어서 활용하라! 마법 같은 '경영보고서'가 당신을 더욱 큰 성장의 길로 안내할 것이다.

'천리 길도 한 걸음부터'라 했다. 처음부터 경영보고서의 모든 내용을 다 알 수는 없다. 하지만 알아야만 한다. 모른다고, 귀찮다고 언제까지나 회사의 살림살이를 다른 이에게 맡겨만 둘 것인가? 당신도 할 수 있다. 매월 경영보고를 받다보면 자신도 모르게 어느 날 회사의 모든 경영상황을 말이 아닌 숫자로 속속들이 꿰뚫어 보게 될 것이다.

경영보고서에서 전하는 숫자들을 살펴보다 보면 그 숫자가 의미하는 경영의 방향성 및 흐름, 재무(돈)적 변동 추이를 알게 될 것이다.

재무제표에 담긴 숫자야말로 유일한 진실

기업이 점차 발전하고 성장하면서 회계부정으로 인한 사건과 사고가 끊이지 않고 있다. 정말 몰라서 혹은 알면서도 회계분식을 저지르는 경우가 많다. 그 결과 재무제표에 담긴 숫자의 신뢰성은 땅에 떨어진다.

처음부터 모든 거래는 상호 법률적인 계약이나 약속에 따라 체결된다. '상호 신뢰에 입각하여 그 거래가 성사된다'는 말이다. 거래가 발생하고 채권과 채무가 확정된다. 거래는 세금계산서를 발행하여 객관성을 입증한다. 국가는 조세 징수를 하기 위해 아래와 같이 법령이 정하는 바에 따라 세금계산서를 발행하도록 규정하고 있다.

부가가치세법 제32조【세금계산서 등】①사업자가 재화 또는 용역을 공급(부가가치세가 면제되는 재화 또는 용역의 공급은 제외한다)하는 경우에는 다음 각 호의 사항을 적은 계산서(이하 "세금계산서"라 한다)를 그 공급을 받는 자에게 발급하여야 한다.
1. 공급하는 사업자의 등록번호와 성명 또는 명칭
2. 공급받는 자의 등록번호. 다만, 공급받는 자가 사업자가 아니거나 등록한 사업자가 아닌 경우에는 대통령령으로 정하는 고유번호 또는 공급받는 자의 주민등록번호
3. 공급가액과 부가가치세액
4. 작성 연월일
5. 그 밖에 대통령령으로 정하는 사항

발행된 세금계산서는 명확하게 회계처리를 할 수 있는 적격 증빙 자료가 된다. 그럼에도 회계처리를 하면서 의도치 않게 왜곡되거나 의도적으로 조작하여 장부가 만들어진다. 이는 재무보고서에 대한 심각한 오류를 가져온다.

재무정보를 왜곡시켜 이용자들(국가, 금융기관, 투자자 등)에게 오류를 범하게 만든다. 재무제표에 담긴 숫자를 왜곡하는 사례들이 많다. 예를 들면 다음과 같다.

– 매출 실적을 과장하기 위해 가공 매출세금계산서(사업자가 재화 또는 용역을 공급받지 아니하고 세금계산서를 수취한 경우)를 발행한다.

– 당기 비용을 이월하기 위해 매입세금계산서 수취를 다음 연도로 이월한다.

– 재고자산을 실제보다 감소시키거나 부풀린다.

– 자산의 가치를 실제 가치보다 낮게 또는 높게 평가한다.

– 악성 또는 부실 매출채권(외상매출금, 받을어음)을 손실처리하지 않는다.

– 건물, 기계장치 등 고정자산의 감가상각비를 적게 계상한다.

– 단기 채무를 장기 채무로 회계처리한다.

– 자산을 비용처리한다.

– 비용을 자산화한다.

– 인건비를 부풀려 비용처리한다.

위 내용을 여러 번 읽어서 반드시 숙지하기 바란다.

필자는 상업계 고등학교를 졸업하자마자 첫 직장에서 환율이라는 '숫자'를 접하게 되었다. 내가 하는 일은 무역부에서 주로 네고(Nego, 수출환어음 매입 의뢰) 업무를 담당하는 일이었다. 환어음을 매입하여 은행에 지불해야만 보세창고에서 물건을 공장으로 이관받을 수 있다. '환율'은 단순한 숫자가 아니다. 환율에 따라 몇 십만원부터 몇 백만원까지 금액 차이가 발생한다. 그래서 '환율'이라는 숫자는 그 당시 내게는 무척이나 중요한 숫자였다.

군 제대 후 세무와 회계 관련 업종에서 25년이라는 세월 동안 일하고 있다. 사람들이 내게 자주 묻는 질문이 있다. "어떻게 그렇게 어려운 일을 해왔나요?" 질문은 계속된다. "재무제표가 뭐죠? 재무상태표는 뭐죠? 손익계산서는 뭐죠?……." 이런 것들을 어떻게 하면 쉽게 이해할 수 있도록 설명할 수 있을까? 그때부터 나 자신부터 고민을 하기 시작했다. 전문적인 용어 설명이라면 누구든지 당장 인터넷으로 검색하면 찾아볼 수 있다.

농부는 봄에 씨앗을 뿌린다. 그리고 성장의 계절인 여름이면 아침저녁으로 땀 흘려 정성을 다하여 농작물을 돌본다. 가을이면 1년 동안의 성과를 수확하여 그 결과물을 얻는다. 이때 정성껏 수확한 농산물이 바로 농부가 보여줄 수 있는 결과물이며 숫자다. 농부는 풍성한 가을에 수확한 농산물을 창고나 저장고에 차곡차곡 쌓아놓고 큰 보람을 느낀다. 물론 해마다 수확을 앞두고 발생하는 극심한 가뭄이나 폭우, 태풍의 영향으로 많은 피해와 손실을 보는 경우도 있다.

그러나 농부들의 부단한 노력의 결과로 수많은 사람들이 식탁에서 생명의 먹거리를 접할 수 있게 된다. 이처럼 농부는 눈에 보이는 농산물뿐만 아니라 그들의 피와 땀이 담긴 정성을 모든 사람들과 함께 나눈다.

기업에서 만드는 제품 및 서비스도 이와 다르지 않다. 기업도 1년 동안의 경영지표를 재무제표라는 보고서에 숫자로 담는다. 그리고 그 숫자는 이해관계자들에게 많은 경영정보를 전달하게 된다. 재무제표는 과거의 경영정보를 전달함과 동시에 미래의 계획 자료로도 활용된다.

재무제표는 안정성 분석, 수익성 분석, 활동성 분석을 통해 유용한 정보를 제공해준다. 하지만 숫자로 표현할 수 없는 경영정보의 경우 재무제표에 담을 수 없다는 한계성이 있기도 하다.

경리아웃소싱을 하면서 고객사 장부를 이관받으면 반드시 먼저 체크하는 사항이 있다. 재무제표에 담긴 숫자가 '허수'인지 '진수'인지 확인하는 작업이다. 받을 돈(외상매출금), 주어야 할 돈(외상매입금) 등이 맞는지, 그 숫자가 거래처별로 정확한지 확인한다. 내 나름대로 재무제표에 담긴 숫자의 진실성을 확인하는 작업이다. 그 과정을 거쳐 회사를 파악하고 거래의 유형, 특징을 찾아 그 회사만의 독특한 장부로 완성해간다.

업종마다 사용하는 계정과목(회계에서 단위가 되는 각 계정의 명칭)이 비슷해 보이지만 사뭇 다르다. 예를 들면 일반적인 매출채권만 보더라도 제조 및 도소매에서는 '외상매출금', 건설업에서는 '공사미수금', 서비스업에서는 '미수금'으로 표기하기도 한다.

소상공인, 중소기업은 충분한 관리 인력을 확보하고 있지 않다. 영업과 마케팅에 기울어져 있다. 도통 회계장부에 관심 없이 외부에 의존한 재무제표는 숫자가 왜곡될 수밖에 없는 현실에 놓여 있다. 그렇기 때문에 추후에 많은 금전적 손실을 가져올 수 있다.

　지금부터라도 내 장부는 내가 만든다는 마음가짐을 가져라! 당신의 피와 땀으로 일구어낸 모든 거래는 진실한 결과물이다. 내가 만든 장부는 1년 동안의 귀중한 농산물과 다름없다. 재무제표에 진실한 숫자를 담아야 하는 이유가 여기에 있다.

PART4

자산의 크기가 아닌
현금의 흐름에 집중하라

현금이 흐르는 회사는
썩지 않는다

돈을 벌기 위해서는 돈의 힘을 파악하라.

- 말콤 S. 포브스

돈의 소중함은 '현금'으로 가르쳐라

회사 창립기념일에 뭐 특별한 선물이 없을까? 관리 부서에서 이 런저런 고민을 하다가 그럼 이번에는 현금으로 할까? 고심 끝에 현금 으로 지급하는 것으로 결정되었다. 그 순간 모든 임직원들이 기다렸 다는 듯이 회심의 환호성을 지른다. "역시 현금이 최고야!" "돈(현금) 은 사람을 움직이는 힘이야!" 이를 부정할 순 없다. 고가의 선물이 아 닌 이상 현금으로 받으면 무척 좋아한다. 야속하게도 사람들의 마음 을 움직이게 하는 수많은 것 중 단연 현금이 랭킹 상위권 순위를 차지한다.

무언가의 가치를 평가할 때 가장 확실한 기준이 '현금'으로 표시되는 가격이다. 교환하기 위해서는 뭐든 현금으로 얼마인가 하며 그 가치를 매겨야 한다. 결국 현금으로 측정된다.

주변에 사업을 하는 사업가나 직장인들은 모두 '돈'을 벌기 위해서 일을 한다. 나도 그중 한 사람이다. 돈은 가족들의 생계를 위한 비용이며 일상에서 편리한 삶을 누릴 수 있도록 해준다. 함께 여행을 하거나 재정적 풍요와 삶의 여유를 가져다준다. 현금은 불안정한 미래와 노후 준비를 위한 비상자금이 된다.

K사 이○○ 대표의 의뢰로 S공조라는 냉난방기, 항온항습기와 제습기 등을 주력으로 생산하는 업체의 인수를 위해 재무실사를 실행한 적이 있다. 냉난방기 시장에서 인지도가 높은 L전자의 협력사이기도 했다. 결국 회사의 기업가치 평가를 위한 것이었다. 개인적으로 중소기업의 기업가치를 평가할 때 다음 3가지 사항에 중점을 두고 진행한다.

첫째, 총자산에서 총부채를 차감한 순자산의 실질적인 가치가 있는지 여부다. 자산과 부채는 장부보다는 실질에 따른다. 부실화된 자산은 실질에 맞게 평가하고, 실효성이 없는 자산은 과감히 제거한다. 부외부채(기업의 채무가 존재하고 있음에도 회사의 장부에 계상되지 않는 부채를 의미)는 없는지 확인하여 기입한다.

둘째, 지속 가능한 매출 실현에 대한 안정성 또는 가능성을 검토

170

한다. 영업이익 실현 가능성을 따져본다.

셋째, 사업 지속성 여부의 핵심이 매출 시스템(생산되는 생산물 및 서비스)인지, 사람(대표, 팀, 부서, 맨파워)인지, 기술력(유·무형)인지를 파악한다.

기업의 가치를 평가하는 방법은 수익가치법, 자산가치법, 상대가치법 등으로 나눈다. 수익가치법은 평가 대상 업체의 미래 현금 흐름을 추정하고, 이를 위험률이 반영된 적절한 할인율로 할인[미래 시점의 일정 금액과 동일한 가치를 갖는 현재 시점의 금액(현재 가치)을 계산하기 위해 적용하는 비율]하여 평가 시점에서의 기업 가치를 산출한다.

자산가치법은 기업의 재무 상태에 기초한 방법으로 회사의 자산·부채 및 자본항목을 평가하여 수정 재무상태표를 작성한 후 자산 총계에서 부채총계를 공제한 기업의 순자산가치를 기준으로 평가하는 기법이다.

여기서 기업의 가치평가에 대한 종류와 방법을 논하고자 하는 것은 아니다. 상장기업의 경우 증권시장에서 거래되는 주식 시가가 곧 회사의 가치가 된다. 결국 주식 시장에서 1주당 주식이 얼마의 '현금'으로 거래되는가가 회사 가치의 척도가 된다.

재무상태표에서 현금의 중요성에 대한 관점을 살펴보기로 하자.

재무상태표
제7기 2018년 12월 31일 현재

회사명 : 성장 주식회사   (단위 : 원)

계정과목	금액	계정과목	금액
현금및현금성자산(주1)	332,150,150	매입채무(주3)	465,748,000
매출채권(주2)	600,541,000	미지급금	65,487,000
미수수익	2,648,400	예수금	16,358,940
선급비용	15,484,500	단기차입금	554,854,000
선납세금	25,648,540	선수금	60,000,000
상 품	859,484,000	미지급세금	36,487,500
제 품	458,487,410	미지급비용	125,487,400
장기대여금	56,484,500	유동성장기차입금	65,000,000
투자유가증권	118,547,110	사 채	120,000,000
토 지	205,487,540	장기차입금	764,858,400
건 물	658,487,450	자본금	600,000,000
기계장치	115,487,400	자본잉여금	28,000,000
차량운반구	85,948,700	자본조정	5,000,000
특허권	25,847,400	기타포괄손익누계액	19,000,000
소프트웨어	5,648,740	이익준비금	18,000,000
임차보증금	45,000,000	미처분이익잉여금	673,591,600
기타보증금	6,490,000		
합계	**3,617,872,840**	**합계**	**3,617,872,840**

(주1) 현금및현금성자산 중 요구불예금(예금자가 언제든지 찾아 쓸 수 있는 예금을 통틀어 이르는 말로 보통 예금, 당좌 예금 등을 말함)이 302,458,450원이다.

(주2) 매출채권은 외상매출금 200,541,000원과 받을어음 400,000,000원이다.

(주3) 매입채무는 외상매입금 265,748,000원과 지급어음 200,000,000원이다.

위 '성장 주식회사'의 재무상태표에 나타난 자산총계 3,617백만원, 부채총계 2,274백만원, 자본총계는 1,343백만원이다.

　　얼핏 보면 자산총계 대비 부채총계의 비율은 그리 나쁘지 않다. 하지만 현금 유동성 측면에서 다음과 같은 상황이 발생되었다고 가정해보자.

1. 매출채권 중 보유하고 있는 받을 어음 중 200,000,000원이 주거래은행으로부터 부도 통보를 받았다.
2. 재고자산(상품 및 제품) 중 108,000,000원이 진부화(기술의 발달, 유행의 변화, 사업의 중단 위기 같은 경제적, 사회적 변화로 말미암아 그 가치가 현저히 줄어든 자산)로 인하여 시장에서의 판매가 불가능한 것으로 판명되었다.
3. 생산력의 저하로 인하여 노후화된 기계장치 교체로 130,000,000원의 현금 지출이 예상된다.
4. 외상매입 대금으로 발행한 지급어음 중 80,000,000원이 2019년 1월 말에 만기가 도래한다.
5. 단기차입금 중 150,000,000원이 2019년 2월 말에 만기 상환일이다.

　　위 5가지 항목처럼 발생할 수 있는 상황을 가정하여 수정된 재무상태표를 토대로 현금 유동성 측면에서 살펴보겠다.

회사명 : 성장 주식회사 (단위 : 원)

계정과목	수정 前	수정 後	계정과목	수정 前	수정 後
현금및현금성자산	332,150,150	332,150,150	매입채무	465,748,000	465,748,000
매출채권	600,541,000	400,541,000	미지급금	65,487,000	65,487,000
			예수금	16,358,940	16,358,940
			단기차입금	554,854,000	554,854,000
			선수금	60,000,000	60,000,000
생			미지급세금	36,487,500	36,487,500
			미지급비용	125,487,400	125,487,400
락			유동성장기차입금	65,000,000	65,000,000
					0
			생		0
					0
			락		0
합계	932,691,150	732,691,150	합계		1,389,422,840

위 발생한 상황 (1)~(5) 항목 중 받을어음 2억원의 부도로 말미암아 현금성 자산은 2억원이 감소되었다. 가까운 시일에 만기가 도래하는 2.3억원의 부채 상환 압박감도 높아졌다. 당장 제품 생산을 위한 고정자산(기계장치) 매입 1.3억원의 지출이 예상되어 있다.

당연히 '현금'이 턱없이 부족한 상황이다. 재고자산(상품, 제품) 및 고정자산(토지, 건물)은 당장 현금화할 수가 없다. 따라서 숫자로 보는 관점에서 생각한다면 '돈'의 소중함은 '현금'으로 가르쳐야 한다.

세금은 회사를 성장시키는 필요경비다

오랜 기간 회계, 세무 업무를 해오면서 '세금'으로 인해 흥하거나 망하는 회사를 많이 봐왔다. 일반적으로 많은 사람들이 세금에 대한 부정적인 생각을 가지고 있다. 세금을 내면 무조건 손해라고 생각하는 것이다. 하지만 절세 전략을 모르기 때문에 세금을 내는 것이다. 그러면서 세금을 내는 것만으로도 기분이 나쁘다고도 한다.

그러나 이것은 잘못 전달된 세금 관련 정보를 어설프게 전해 듣거나, 인터넷에 떠도는 왜곡된 세무지식이 오해 아닌 오해를 가져온 결과다. 툭하면 터져 나오는 세금 관련 뉴스도 한몫하고 있는 것이 사실이다. 2018년 9월 12일자 〈조세일보〉에 "유명 연예인도 걸렸다. 국세청, 역외탈세혐의자 93명 세무조사"라는 제목의 기사가 실렸다.

국내에서도 부족해 교묘하게 해외를 통한 역외탈세가 급증하고 그 수법도 다양해지고 있어 국세청은 강도 높은 세무조사를 통해 세금을 추징하겠다는 내용의 기사였다.

"의사·교수 등 명망 있는 사회지도층도 역외탈세혐의 지난해 조사실적 223건, 1.3조원…올해 5,408억원 추징"이라는 제목의 기사도 실렸다. 이날 국세청 조사국 책임 관계자는 역외탈세 혐의자 세무조사 관련 브리핑을 통해 부정한 행위 등 고의적, 악의적 역외탈세 행위에 대해서는 법과 원칙에 따라 엄정 고발조치할 것이라고 강조하고 나섰다.

출처 : 조세일보

〈역외탈세 세무조사 실적〉

구분	2012년	2013년	2014년	2015년	2016년	2017년
조사건수	202건	211건	226건	223건	228건	233건
추징세액	8,258억원	10,789억원	12,179억원	12,861억원	13,072억원	13,192억원

　　수백, 수천, 수억원도 아닌 '조' 단위의 탈세가 믿어지는가? 2017년도 조사 건수 223건, 추징세액 무려 1.3조원에 달한다. 세금에 대한 이미지가 부정적으로 얼룩질 수밖에 없다. 그도 그럴 것이 정권이 바뀔 때마다 역대 국세청장이 세무조사 무마 청탁 관련 등 불미스러운 일로 구속되는 일은 이미 흔한 기삿거리가 되었다. 그나마 일반시민들에게 친숙하고 긍정적인 면도 있다. 특정연예인이 출연하여 찍은 '성실납세' 홍보를 위한 TV광고나 캠페인이 그 예다.

　　앞에서 부정적인 세금에 대한 이야기를 길게 나열한 것은 그만한 이유가 있다. 사업을 하기 위해서는 세금도 비용이라는 인식이 필요하기 때문이다. 왜냐하면 세금이란 원칙적으로 남아야만 낼 수 있기 때문이다. 흔히 접하는 소비세인 '부가가치세'가 대표적이다.

　　개인이나 법인 사업자도 이익(이윤)이 남아야 세금을 낸다. 양도소득세도 부동산, 주식, 자산의 권리 등을 살 때와 팔 때 차익이 있어야 세금을 낸다. 무엇보다 이익(이윤)을 내기 위해서는 무조건 남아야 한다. 현행 세법에서도 남지 않는데 세금을 내라는 법은 없다. 국가에서는 영업을 해서 남은 이윤 또는 투자를 통해 남은 이윤에 세금을 매긴다.

예를 들면 부가가치세는 '매출 부가세 – 매입 부가세' 방식으로 산출하여 납부하는 세금이다. 아래 상품을 매입하여 판매하는 회사를 가정해보자.

사례 I

잘나가는 주식회사는 9월 1일 상품 '대박 스마트폰' 120 박스를 110,000,000원(부가가치세 포함)에 매입하여 마진을 붙여 9월 26일 154,000,000원(부가세 포함)에 전부 판매하였다.

구분	일자	공급가액	부가세	합계금액	비고
매입	9월 1일	100,000,000	10,000,000	110,000,000	매입 부가세
판매	9월 26일	140,000,000	14,000,000	154,000,000	매출 부가세

납부해야 할 부가가치세 = 매출 부가세 14,000,000 – 매입 부가세 10,000,000 = 4,000,000원이 된다. 4,000,000원의 부가가치세를 납부해야 한다.

'사례 I '의 경우는 40,000,000원(판매 공급가액 140,000,000 – 매입 공급가액 100,000,000)의 이익을 보았기 때문에 4,000,000원의 부가가치세를 납부하였다.

잘나가는 주식회사는 9월 1일 상품 '중고 스마트폰'을 120 박스를 110,000,000원(부가가치세 포함)에 매입하여 손실을 감수하고 9월 26일 99,000,000원(부가세 포함)에 할인 판매하였다.

구분	일자	공급가액	부가세	합계금액	비고
매입	9월 1일	100,000,000	10,000,000	110,000,000	매입 부가세
판매	9월 26일	90,000,000	9,000,000	99,000,000	매출 부가세

환급받아야 할 부가가치세 = 매출 부가세 9,000,000 – 매입 부가세 10,000,000 = △1,000,000원이 된다. 1,000,000원의 부가가치세를 환급받는다.

'사례 II'의 경우에는 △10,000,000원(판매 공급가액 90,000,000 – 매입 공급가액 100,000,000)의 손실을 보았기 때문에 1,000,000원의 부가가치세를 환급받았다.

부가세 신고기간이 다가오면 "남는 것도 없는데 부가세를 왜 내느냐?"며 불만 섞인 성토가 쏟아진다. 반면 "부가세가 환급입니다"라고 하면 무척 좋아한다. 위의 사례에서 살펴봤듯이 매입한 상품을 전부 판매하였다는 가정하에서 부가세를 환급받는다는 것은 그만큼 적자가 발생하였다는 반증이다.

회사에서 시설투자, 고정자산 매입, 영세율 수출, 일시적인 재고자산 과다 매입의 경우를 제외하고는 무조건 납부할 세금(부가가치세)

이 있어야 한다. 그래서 세금은 꼭 필요한 필요경비라 말할 수 있다. 세금은 사업을 시작하는 시점부터 종료하는 순간까지 꼭 필요한 경비다.

다음은 '잘나가는 주식회사'의 이익 측면에서 살펴보겠다.

〈표 1〉

항 목	(사례 I) 대박 스마트폰	(사례 II) 중고 스마트폰	비고
1. 매 출	140,000,000	90,000,000	
2. 매 입	100,000,000	100,000,000	
3. 판매이익 (1-2)	40,000,000	△10,000,000	
4. 판매비와 일반관리비	20,000,000	20,000,000	급여, 임차료, 운반비, 통신비 등
5. 이 익 (3-4)	20,000,000	△30,000,000	

위 〈표 1〉의 그림에서 '사례 I '의 경우에는 법인세 세율 10%(과세표준 2억원 이하)을 적용하여 2,000,000원의 법인세를 납부한다. (법인세액 = 이익 20,000,000원 * 세율 10% = 2,000,000원)

이익 20,000,000원 중 2,000,000원의 법인세를 납부한다. 법인세 2,000,000원도 필요경비다. 만약 법인세 10배, 100배, 1,000배에 해당하는 세금을 납부한다고 가정해보자. 상상만으로도 엄청난 '이익'에 놀랍지 않은가?

과세표준	세율
2억원 이하	10%
2억원 초과 ~ 200억원 이하	20%
200억원 초과 ~ 3,000억원 이하	22%
3,000억원 초과	25%

'사례Ⅱ'의 경우는 납부할 세금이 없다. 앞의 〈표 1〉은 단순 접근 방식이지만 이익이 나서 세금을 낸다는 것은 회사를 성장시키는 꼭 필요한 비용이다.

회사는 많은 '판매이익'을 내야 성장하고, 그 같은 이익을 토대로 적정한 '판매비와 일반관리비'의 예산 계획도 세울 수 있다. 세금에 대한 부정적인 생각을 넘어 '세금은 회사를 성장시키는 필요경비다' 라는 인식의 전환이 꼭 필요하다.

180

투자금은
자본금(자기자본)으로 받으라

어제의 장부를 살펴보면
그대는 아직도 사람들과 삶에 빚을 지고 있음을 알게 될 것이다.

- 칼릴 지브란

사업 성장에 꼭 필요한 빚만 져라

왠지 잘 풀리는 회사에는 반드시 이유가 있다. 할 수 있는 모든 방법을 강구해서 사업에 필요한 자금을 조달한다. 사업을 성공시켜 반드시 빚을 갚고 회사를 성장시키겠다는 신념을 가진 채로 말이다. 하지만 이는 절대로 녹록지 않다. 모든 환경이 내가 하고 있는 사업에 맞춰져 있지 않기 때문이다.

사업을 할 때는 내 돈(자기자본)을 투자하거나 남의 돈(타인자본)을 투자받아서 시작하기 마련이다. 처음에는 누구나 성공할 수 있다는 부푼 꿈을 안고 시작한다. 하지만 매출실적이 저조하고 재정(돈)의 흐름이 악화되면 상황은 달라진다. 최악의 경우 '사업을 계속 유지할 것인지 중단할 것인지'를 빨리 판단해야만 한다.

이때 내 돈(자기자본)으로 투자해서 발생한 금전적 손실은 고스란히 떠안으면 그만이다. 하지만 남의 돈(타인자본)으로 투자를 받은 경우라면 상황은 다르다. 많은 부채(채무)를 떠안을 수도 있고 남의 돈(타인자본=빚)으로 인하여 취득한 자산(건물, 토지, 기계장치)마저도 빼앗길 위기에 처한다. 최악의 경우 회복 불가능한 신용불량자로 전락할 수도 있다. 그러므로 가능하면 투자금은 자본(자기자본)으로 조달하는 것이 바람직하다.

기업뿐만 아니라 개인, 국가도 과중한 부채(채무)로 인해 많은 재정적 고통을 겪고 있다. 수많은 사람들이 과중한 빚으로 인하여 신용불량자로 낙인찍힌다. 가계 부채로 경제적인 곤란을 겪기도 한다. 유럽 그리스의 '채무불이행' 사태는 더욱 심각하다. 프랑스, 그리스 등 국가채무 수준이 높은 나라는 이자비용과 국가신용도 하락 등으로 추가적으로 국가채무가 늘어나는 어려움을 겪고 있다.

지구촌은 개인, 가정, 시장(기업)경제, 국가경제, 세계경제가 하나로 연결되어 있다. 누군가는 생산하고 누군가는 소비한다. 이처럼 조달한 자금도 투자를 통해 흘러가고 순환한다.

왜 투자금은 자본금(자기자본)으로 조달받아야 하는가? 잠시 재무상태표에서 자금의 흐름을 살펴보기로 한다. 자본은 재무상태표에 표시된 정보 중 하나다. '재무상태표'란 일정 시점에 회사의 재정 상태를 보여주는 보고서다. 먼저 재무상태표 회계등식의 개념을 살펴보기로 한다.

자산(Asset) = 부채(Liabilities) + 자본(Equity) 이다.

'재무상태표'란?

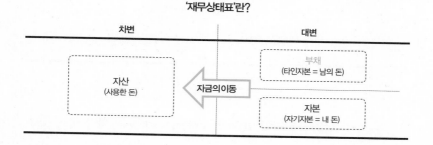

재무상태표는 자금의 유입(부채 또는 자본), 자금의 유출(자산) 순서로 표시된 정보를 나타낸다. 부채와 자본은 기업이 어디에서 자금을 조달(유입)했는지를 나타낸다. 자산은 조달한 자금을 사용(유출)한 내용을 나타낸다.

금융기관 및 지인 등으로부터 차입한 자금은 '타인자본'이다. 주주로부터 조달한 자금은 '자기자본'이라고 한다. 아래 표에서 부채의 항목 중 '단기차입금', '사채', '장기차입금'을 타인자본이라 말한다. 자본의 항목 중 '자본금'이 자기자본이다.

성공만 하는 주식회사 (단위 : 원)

자산	유동자산	당좌자산	부채 (타인자본)	유동부채	매입채무, 단기차입금, 미지급금 등
		재고자산		비유동부채	사채, 장기차입금 등
	비유동자산	투자자산	자본 (자기자본)	자본금	발행주식
		유형자산		자본잉여금	
		무형자산		자본조정	
		기타 비유동자산		기타포괄손익 누계액	
				이익잉여금 (또는 결손금)	

　회사를 운영하다 보면 상황에 따라 자금 조달을 해야 하는 경우가 발생한다. 사업을 확장(이전, 신축)하거나, 공장 부지를 구매하거나, 노후화된 생산설비를 교체할 때, 새로운 사업을 위한 투자를 늘릴 때 등이다. 가능하면 먼저 유상증자[신주(新株)를 발행함으로써 자금을 새로 조달하여 자본금을 늘리는 일]를 통해 자금을 조달하도록 계획하는 것이 좋다. 유상증자의 경우 신주(新株)를 발행하는 비용과 부대비용만 발생할 뿐이다.

　반면 금융기관으로부터 자금을 조달하게 되면 매월 지급되는 이자비용이 있고 가까운 시일 내에 원금 상환의 부담도 있다. 에머슨은 "빚을 지는 것은 노예가 되는 것이다"라고 말했다. 모든 빚이 불필요하다는 뜻이 아니다. 꼭 필요한 빚만 지라는 것이다.

184

기업은 현재뿐 아니라 미래에도 계속적, 지속적 수익창출을 기대할 수 있을 때 그 가치를 인정받는 것이 일반적이다. 그래서 기업의 총가치를 높여야만 한다. '기업의 총가치 EV(Enterprise Value)'는 기업 매수자가 매수 시 지급해야 하는 금액이다.

EV = 시가총액 + 순차입금 (총 차입금 − 현금예금)

금융기관에서 신용 또는 무담보로 자금을 조달하는 것은 한계가 있다. 차입에 따라 부담해야 할 금융비용(이자비용)만큼 영업이익을 더 내야만 한다. 약속한 원리금을 상환하지 못한다면 채무불이행으로 이어져 재정적인 압박, 신용등급 하락으로 이어진다.

또한 전체적으로 회사의 자금 경색으로 이어진다. 채권자인 금융기관은 조달해준 자금을 빠른 기간에 회수하기 위해 법적 조치를 취할 것이다.

그렇기 때문에 미래의 수익창출 및 기업 가치 상승을 함께 이끌 동반자로부터 투자를 자본금(자기자본)으로 받아야 한다. 스스로 투자한 자금은 진정한 성장 동력의 씨앗이 된다.

금융기관 대출은 저금리와 긴 거치기간이면 충분하다

지출(소비)만을 위한 차입은 사업의 독이 된다. 하지만 투자를 위한 절실한 대출(빚)은 사업 성공의 밑거름이 된다. 누구나 빚지는 것을 좋아하는 사람은 없다. 개인이든 기업이든 마찬가지다. 그렇다고 충분한 현금을 보유하고 돈 걱정 없이 사업을 하거나, 원하는 모든 것을 돈 걱정 없이 구매할 수 있는 기업도 흔치 않다.

살면서 전혀 빚을 지지 않는다는 것은 현실적으로 어렵다. 대한민국의 많은 대학생들이 학자금 대출을 받아 대학등록금을 낸다. 입학과 동시에 '빚'을 지게 되며 학자금 대출을 받는 순간 채무자가 된다. 그래서 틈틈이 아르바이트를 해서 부족한 대학등록금을 충당하기도 한다. 대학 졸업 후 취업을 하지 못한다면 채무불이행(빚을 갚지 못함)으로 신용불량자로 전락할 수도 있다.

다음의 〈뉴시스〉 인터넷 기사의 한 대목을 접하고 나서는 그 심각성에 놀라지 않을 수 없었다. "학자금 외 대학생 대출, 1조 1,000억 돌파…연체액도 증가세"

2014년 말 6,193억원에서 2018년 7월 말 1조 1,004억원으로 78% 증가했다. 같은 기간 연체금액은 21억원에서 55억원으로 161.9% 증가했다. 이것은 금융감독원에서 제공한 신뢰성이 있는 데이터로 '학자금 외 대출'이 꾸준히 증가하고 있다는 점이 고무적이다.

만약 취업에 성공했다면 '학자금 상환제도'에 따라 매월 월급에

186

서 원리금을 상환해야 한다. 한 달에 한 번 지급받는 월급에서 학자금 대출원금과 각종 제세공과금을 빼고 나면 생활하기에 빠듯한 돈이 통장에 입금된다. 대학 4년 동안 빚을 내어 졸업한 후에 갚아야 할 채무가 있다는 것이 우리나라 청년들의 현실이다. 가뜩이나 취업도 어려운 현실에서 이런 고통이 가중된다.

기업 부채 관련 통계자료를 찾다가 인터넷 기사의 한 대목이 눈에 들어왔다. "갚아야 할 빚, 빛의 속도로 늘어…빚 부담에 울상 짓는 가계", "빚 부담에 허리 휘는 가계… 부채 증가 속도 세계 3위"라는 제목의 〈세계일보〉 인터넷 기사다. 기사 내용을 요약해보면 이렇다.

빚은 가계의 큰 부담으로 작용한다. 전문가들은 장기적으로 가계부채 증가 속도를 늦추고, 절대적인 부채의 규모도 줄여야 한다고 말한다. 가계 빚이 급증한 가장 큰 원인은 지난 몇 년간 계속된 저금리와 부동산 투기 열풍 때문이라는 것이 중론이다.

정부는 2017년 6·19 대책, 8·2 대책 등 담보인정비율(LTV)을 낮추고 대출심사를 강화하는 방안을 내놨다. 2017년 10월에는 2018년 신(新) 총부채상환비율(DTI) 도입, 총체적상환능력비율(DSR) 조기 도입 등을 주 내용으로 하는 가계부채 종합대책을 발표했다. 2017년 11월에는 한국은행도 기준금리를 인상했다.

가계 빚 관련 지표가 나빠지고 있는 것은 고용 악화 등으로 가계 소득은 늘지 않고, 투자 감소와 주력산업 부진 등으로 경제성장세도 둔화됐기 때문으로 분석된다. 과도한 가계부채는 소비를 짓눌러 내수와 경제를 위축시킬 수 있는 위험요인이다. 우리나라 가계 대출 속도가 다른 큰 나라의 가계 대출 증가율보다 가파르게 상승하고 있어 가계 대출에 부실 위험성이 커지고 있다는 내용이었다.

'부채는 가파르게 증가하는데 한국은행 금리마저 인상되었다'는 소식에 가슴이 철렁했다. 순간 '이러다간 정말 큰일 나겠다'라는 생각에 정신이 번쩍 들었다. 지난 여름, 아내의 만류에도 불구하고 무리하게 투자 목적으로 부동산을 구매했다. 대부분 대출에 의존한 것이었다. 부동산 등기비용, 취득세 등은 겨우 (-)대출로 대체하였다. 대출을 받자마자 정부의 강력한 부동산 규제 정책이 쏟아지더니 대출금리가 2~3%대에서 3~5%대로 상승했다. 보통 기업보다는 개인대출 금리가 1~1.5% 이상 높다.

기업도 외부 자금(초기 시설자금, 운전자금 등) 의존도가 높은 편이어서 여건이 그리 좋지만은 않다. 최근 자주 볼 수 있는 기사 제목이다. "은행 대출 연체율 두 달째 상승…中企 대출 연체 상승", "자영업자, 중소기업 대출 부실화 가속…", "숨은 폭탄, 부실기업의 대출로 인한 부실 채권의 증가"

이와 관련해 인터넷에 쉽게 설명해놓은 것이 있어 옮겨 싣는다.

"결국 기업은 대출을 받아도 갚을 수도 없고, 재정적 상황이 좋지 않은 기업들이 은행에서 대출을 받는다. 이후 은행은 대출해준 대가로 그 부실기업으로부터 돈을 받을 권리인 채권을 갖게 된다. 은

행이 채권자가 되고, 부실기업은 그 대출받은 돈을 갚아야 할 채무가 생기고, 채무자가 된다. 그러나 은행에서 돈을 빌려간 기업들이 부실하므로 이 채권들 역시도 부실할 수밖에 없다. 그래서 부실 채권이 증가하고 은행들이 이렇게 부실 채권을 많이 가지고 있으면 금융권 자체가 부실해진다.

은행은 기업에 돈을 대출해줬으면, 그 돈을 제대로 돌려받아야 하는데 돌려받지 못하기 때문에 존폐의 기로에 선다. 정부는 금융기관의 부실화 우려를 잠재우기 위해서 부실화된 채권을 인수하여 최대 채권자가 된다. 인수된 '우리은행'은 국책은행이 되었다. 그 돈은 국민들의 세금으로 충당된 것이나 다름없다."

필자는 아무래도 기본적으로 경영과 회계를 병행하다 보니 많은 장부를 통해 많은 기업들의 재무상태표를 접한다. 보통 매출 실적이 떨어지고, 불필요한 고정비용이 증가하며, 불안정한 현금 흐름이 반복된다.

자금 악화로 인하여 도래하는 대출 원리금을 상환하지 못한 채 경영 위기를 자초하는 경우를 많이 봐왔다. 이런 경우 근본적인 재정 문제를 모두 해결할 수는 없지만 아래 '재무상태표'에서 보듯 '단기차입금', '장기차입금' 계정과목에 관심을 갖는다면 일시적으로나마 위험을 피할 수 있다.

회계도, 세무도, 기업경영의 위험성도 관심이 있으면 보인다. 회사의 경영 숫자에 관심을 쏟는 만큼 알게 된다. 방만하게 운영하는 것보다는 유비무환의 정신으로 채무에 대한 위험성에 대하여 미리 대비하는 것이 좋다. 그러면 위험한 경영 상황에서 벗어날 수 있을 뿐만 아니라, 다가오는 성장의 기회도 스스로 만들 수 있다.

두 회사의 재무상태표에서 장·단기 차입금 항목을 유심히 살펴 보기 바란다.

재무상태표
2018년 12월 31일

방만 주식회사 (단위 : 백만원)

계정과목	금액	계정과목	금액
보통예금	120	외상매입금	320
외상매출금	340	단기차입금	800
정기예적금	20	**장기차입금**	**200**
재고자산	250	자본금	
유형자산	550	자본잉여금	
무형자산		자본조정	
기타 비유동자산		기타포괄손익 누계액	
		이익잉여금 (또는 결손금)	

재무상태표
2018년 12월 31일

유비무환 주식회사 (단위 : 백만원)

계정과목	금액	계정과목	금액
보통예금	120	외상매입금	320
외상매출금	340	단기차입금	200
정기예적금	20	**장기차입금**	**800**
재고자산	250	자본금	
유형자산	550	자본잉여금	
무형자산		자본조정	
기타 비유동자산		기타포괄손익 누계액	
		이익잉여금 (또는 결손금)	

'방만 주식회사'의 경우 '단기차입금 800백만원 〉 장기차입금 200백만원'으로 단기에 상환해야 할 빚이 훨씬 많다. 그에 반해 '유비무환 주식회사'는 '단기차입금 200백만원 〈 장기차입금 800백만원'으로 상대적으로 단기에 상환해야 할 빚이 적다.

190

실무를 담당하고 있는 업체 중 금융기관 대출금에 대하여 매월 정기적으로 원리금을 상환하는 기업은 그리 많지 않다. 왜냐하면 매출 실적은 있지만 매입대금, 인건비, 임차료, 관리비, 4대 보험료, 금융이자, 판매비와 일반관리비를 빼고 나면 이윤이 거의 없기 때문이다. 이런 상황에서 어떻게 원금 상환을 기대할 수 있겠는가? '때가 되면 만기 연장을 해주겠지'라는 긍정적인 생각 외에는 뾰족한 대안을 갖고 있지 않다.

결산일(12월 31일)로부터 1년 이내에 갚아야 할 '단기차입금'은 만기가 다가올 때쯤 되면 은행에서 만기연장에 필요한 서류를 제출해달라고 희소식을 전한다. 반면 회사에서 결산일(12월 31일)로부터 1년 이후 상환해야 할 '장기차입금'의 경우 만기상환일이 3~5년 거치라는 이유만으로 생각 외로 방치되어 있는 모양새다.

12월 31일 결산법인의 경우 다음 연도 3월 말 확정된 재무제표 검토 후 주거래 은행에서는 재무적 리스크가 커졌다는 이유로 차입금 일부 또는 전액 상환을 요구하거나 높은 금리의 대출상품을 권하기도 한다.

기업에서는 다른 방법이 없는 한 불리한 조건에 응할 수밖에 없다. 이쯤 되면 '맑은 날에 우산을 쥐어주고 비가 오는 날에는 우산을 뺏는다'라는 말도 틀린 말은 아닌 것 같다. 절대 금융기관을 비하하고자 하는 말이 아니다. 결국 금융기관도 사업의 목적에 맞게 이익실현과 재정 건전성에 충실할 뿐이다.

동전의 양면처럼 금융기관은 기업의 절대적인 재무 파트너다. 기업에 필요한 자금을 일정 기간 융통해주고 수익을 실현한다. 기업은 그 자금으로 필요한 자산(토지, 건물, 기계장치, 생산설비 등)을 구입하거나 새로운 사업 진출에 필요한 자금을 원활하게 조달할 수 있다.

이때 기업은 실현 가능한 매출액과 영업이익을 추정하여 대출 상환 계획을 반드시 세워야만 한다. 조달할 자금을 단기로 이용할지 혹은 장기로 이용할지 말이다.

대출도 전략이다. 기업은 계획대로 일정 기간 동안 원리금을 꾸준히 상환한다. 그래서 더 많은 자금을 조달할 수 있는 신용을 쌓는다. 그 대가로 긴 거치기간과 저금리로 금융기관으로부터 더 많은 대출(돈)을 이용할 수 있게 된다. 처음부터 최적의 대출 상품을 이용할 수는 없다.

2년 연속 적자라면
결산서부터 재검토하라

사업을 하려면 일에 착수한 다음 마무리할 시간을 가져라.

– 윌링턴 백작

'장사'가 적자인지 이익인지 당장 따져보라

계속되는 적자 운영을 감당할 수 있는 회사는 그리 많지 않다. 당장 먹고사는 일이라 적자 운영이라는 사실을 알면서도 사업을 접는다는 것은 결코 쉬운 일이 아니다. 장사는 하면 할수록 늘어나는 적자가 눈에 훤히 보이지만 어찌할 방법이 없다. 당장 눈앞에 보이는 생계가 급하기 때문이다. 불경기에 자영업자, 소상공인, 중·소기업의 경우는 적자에 자금난까지 겹치면 고통 그 자체다. 지금 '적자'라는 것을 인식하는 것이 최선이다. 그래야 방법을 찾아 다시 시작할 수 있다.

2019년 최저임금 인상으로 그 고통은 가중되었다. 적자(赤字)의 사전적 의미는 '지출이 수입보다 많아서 생기는 결손액'으로 설명되어 있다. 적자는 '수입 < 지출' 공식이다.

직장인이었던 최 사장이 있다. 최 사장은 은퇴 후 수령한 퇴직금을 밑천으로 프랜차이즈 '통큰 한방족발' 사업을 하기로 결정했다. 기필코 사업을 성공시키겠다는 일념과 희망으로 사업계획서도 꼼꼼히 작성했다. 모든 계획은 무사히 끝마쳤다. 준비를 마치고 본격적으로 입지를 선정하고 임대차계약을 체결했다. 세무서를 직접 방문하여 민원실에서 신청 후 사업자등록증도 직접 발급받았다. 감동적인 순간이 아닐 수 없다. 이제는 오는 손님만 맞이하면 된다. 최 사장은 그 어느 때보다 자신감이 넘친다.

처음 시작하는 사업이라 1년 동안 휴일도 없이 열심히 달려왔다. 첫 사업연도 성적서인 '결산 보고서'를 받아 들었다. 당연히 당기순손실로 결손이다. 초기 투자비용을 뽑기에는 아직까진 역부족이다. 그런데 두 번째 회계연도 '결산 보고서'도 당기순손실이다. '도대체 무엇이 문제일까?', '도대체 어떻게 된 일일까?' 경영성과의 정보를 제공하고 있는 손익계산서를 검토해보자.

194

회사명 : 통큰 한방족발 주식회사 　　　　　　　　　　　　　　　　　(단위 : 원, %)

과목	제2기(당)기	제1기(전)기
	금액	금액
I.매 출 액	1,200,000,000	800,000,000
II.매출원가	930,000,000	600,000,000
매출 원가율	78%	75%
III.매출총이익	270,000,000	200,000,000
매출총이익율	23%	25%
IV.판매비와 일반관리비	277,000,000	229,000,000
급여	**180,000,000**	**140,000,000**
지급임차료	40,000,000	35,000,000
관리비	12,000,000	8,000,000
감가상각비	24,000,000	26,000,000
4대보험료 등	21,000,000	20,000,000
V.영업이익	-7,000,000	-29,000,000
영업이익율	-1%	-4%
VI.영업외수익	500,000	300,000
VII.영업외비용	13,000,000	12,250,000
이자비용	13,000,000	12,250,000
VIII.법인세차감전이익	-19,500,000	-40,950,000
IX.법인세 등	0	0
X.당기순이익	-19,500,000	-40,950,000

1. 매출액

전년보다 4억원 매출액이 더 증가했다. 최 사장은 예상보다 선전했다고 생각한다.

2. 매출원가

예상치 못한 물가 상승 여파로 원재료(족발) 및 생산원가 비용의 증가로 매출 원가율이 3% 상승하였다.

3. 매출총이익

사업계획서상 목표했던 매출총이익율 30~35%를 달성하지 못했다. 더욱 좋지 않은 상황은 매출원가율이 상승한 만큼 매출총이익율도 '3% 감소되었다'는 점이다.

4. 판매비와 일반관리비

전년보다 50,000,000원이 증가했다.

항목별 비용증가 요인을 살펴보면 다음과 같다.

- 매출 증대를 위해 직원채용을 늘렸기 때문에 급여가 증가되었다.

- 사무실과 점포 임차료와 관리비가 인상되었다.

- 사업 초기 투자한 고가의 생산설비 자산도 감가상각비로 비용처리되었다.

- 급여 및 요율 인상에 따른 사회보험(국민연금, 건강보험, 고용보험, 산재보험) 회사 부담액도 증가했다.

5. 영업외비용

최 사장은 초기 생산설비 구입, 점포 인테리어 비용에 필요한 자금을 금융기관으로부터 조달하였다. 그래서 매월 고정적인 이자비용은 피할 수 없다.

최 사장은 '지속적으로 사업을 유지할지', '적자 탈출을 위한 방

196

법을 강구할지' 대안을 찾기 위한 결정을 해야 한다. 그래도 처음 시작한 사업이라 열정을 갖고 다시 한 번 해보기로 다짐하였다.

결산서를 받아 본 최 사장은 '2년 연속 적자'라는 상황이 도저히 납득이 되지 않았다. 결국 결산 보고서를 검토하고 나서야 조금은 이해할 수 있었다. 적자가 발생한 이유에 대한 막연한 생각만으로는 어려운 경영 환경을 개선할 수 없다.

정확한 경영 숫자에 근거한 결산서부터 재검토해야만 한다. 그러므로 2년 연속 적자라면 반드시 결산서를 재검토하라.

1년 뒤의 자금 사정을 체크하라

1년 뒤 당신 회사의 자금(현금)이 완전히 바닥났다. 마이너스 자금도 이미 다 써버렸다. 어떻게 할 것인가? 이런 상황을 한번 상상해보았는가?

당신은 사업을 하면서 언젠가는 곁에 '구명보트'와 '구명조끼'를 구비해둬야 할 때가 분명히 다가올 것이다. 위기는 어느 날 갑자기 올 수도 있다. 소리 없이 닥쳐올 수도 있다. 아주 오래전에 있었던 비극적인 이야기에 잠시 주목해볼 필요가 있다.

지금으로부터 100여 년 전, 1912년 4월 14일 깜깜한 밤, 대서양의 바다 한가운데, 영국을 출발해 미국 뉴욕으로 향하던 대형 여객선 한 척이 있었다. 2,200명의 승객을 태운 이 배는 '타이타닉호'라는 이름을 가진 배다. 길이 269미터, 높이 20층으로 엄청난 크기를 자랑하는 호화 여객선이다. 모든 사람들이 이 배는 절대로 가라앉지 않을 것이라고 굳게 믿었다.

하지만 다가올 현실은 그렇지 않았다. "앞에 빙산이 있다!" 그 순간 순항하던 배는 빙산에 충돌하여 크게 흔들렸다. 그 당시 쌍안경을 사용할 수 없었고 빙산의 '10분의 9'는 바닷속에 숨어 있었기 때문에 육안으로 보이는 빙산을 발견했을 때 충돌을 피하기에는 이미 늦었다.

타이타닉호가 밤 11시 40분경 빙산에 부딪힌 후 SOS 구조 신호를 보냈다. 하지만 타이타닉호 근처에 있던 유일한 배는 그날 밤 전신기를 꺼 놓고 있는 상태였다. 불행하게도 그 신호를 받은 다른 배들은 너무 멀리 있어서 타이타닉호를 도와줄 수가 없었다. 타이타닉호가 가라앉은 새벽 2시 20분쯤에 타이타닉호는 대서양 바다 한가운데에 철저하게 고립되어 마지막 최후를 맞이한다.

그날의 사건으로 1,500명이 넘는 사람들이 죽고 구명보트와 '카르파티아호'에 의해서 700여 명만이 목숨을 건질 수 있었다고 전한다.

고요한 바다를 순항하던 당신의 사업은 갑작스런 경제 문제나 자금난으로 경영위기를 맞는다. 혹시 당신의 회사도 지금 이와 같은 상황으로 인해 깊은 바다 속으로 가라앉고 있지는 않은지? 1년 뒤의 자금 사정을 체크하지 못한다면 '타이타닉호'처럼 긴급한 상황에서 SOS 신호를 보낸들 때는 이미 늦다.

필자는 사업을 한마디로 말한다면 '자금 관리'라고 생각한다. 세계 최대 온라인 상거래업체인 아마존도 엄청난 적자를 면치 못하는 회사 중 하나였다. 하지만 망하지 않았다. 그래서 지금은 시가총액 1조 달러를 넘어 2조 달러를 향해 가는 거대한 글로벌 공룡 기업으로 성장하였다. 망하지 않은 이유는 단 하나! 자금(돈)이 있었기 때문이다.

엄청난 적자가 발생하였지만 확실한 비전을 목표 삼아 계속적인 투자 유치를 받아 충분한 자금을 확보하고 있었기 때문이다. 사람도 심장에서 나온 피가 온몸으로 돌지 않는다면 그 즉시 최후를 맞이하게 될 것이다. 기업에서의 돈은 사람으로 말하면 혈액이다.

회사의 최고경영자는 의사결정의 상위단계에 위치한다. 오늘날 그 못지않게 중요한 위치에 있는 사람이 최고 재무관리자(CFO, Chief Financial Officer)이다. 재무담당자는 기업 내 자금과 관련된 업무를 총괄하는 책임자다. 최근 CEO에 이어 두 번째로 비중이 큰 직책이라고 말할 수 있다. 주로 은행 대출을 통해 자금을 조달하거나 외부 투자 유치를 통해 자금을 조달하는 등 다양한 방법으로 자금을 조달하는 중요한 역할을 담당하고 있다.

비즈니스 세계에서는 매출실적과 판매이익이 양호한데도 부도가 나는 경우가 많다. 바로 '흑자부도'이다. 물건은 팔았는데 매출채권(외상매출금, 받을어음)이 회수되지 않아 자금난을 겪는 전형적인 경우다. 자금이 거꾸로 흐른다. 자금의 유출은 있으나 자금의 유입은 없다. 이런 때일수록 '자금의 사정을 미리 체크했더라면' 하는 때늦은 후회는 소용없다.

CEO는 반드시 자금의 사정을 수시 또는 매월 직접 확인해야 한다. 그리고 자금 사정에 따른 적절한 대응과 경영 의사결정을 해야 한다. 만약 바빠서 직접 할 수 없다면 CFO의 역할을 담당할 적임자를 두면 된다. 매월 '자금계획서' 또는 '현금 흐름표'를 작성케 하여 보고하도록 하면 된다.

매월 정기적으로 자금 사정을 체크하다 보면 1년 뒤의 자금(현

200

금) 사정을 예측할 수 있을 것이다. 그뿐만 아니라 보이지 않는 '빙산'이라는 경영위기에 부딪힐지라도 늦지 않은 시기에 적절하게 자금을 조달할 수 있다. 위기를 충분히 극복할 수 있는 기회가 생기는 것이다. 그래야만 사업의 비전을 실현하고 추후 사업 성공을 위한 초석이 만들어진다.

'1년 뒤의 자금(현금) 사정을 체크하는 것'이야말로 현금 흐름의 집중화를 통해 사업 성공의 길로 나아가는 가장 빠른 지름길이라 믿는다.

필자가 경리아웃소싱을 담당하고 있는 D사는 자금(현금) 사정을 정기적으로 체크하여 현금유동성을 충분히 확보하고 있다. 매입한 상품이 혹시라도 매출로 연결되지 않거나 재고로 남아 있다고 가정한다면 수억원에 달하는 지급해야 할 구매대금(매입채무) 지급 압박으로 현금사정이 금방 악화될 수 있기 때문이다. 또한 가까운 기일에 갚아야 하는 금융기관 차입금도 고려하지 않을 수 없다.

요컨대 회사의 자금 사정은 제3자가 아닌 사장이 직접 체크해야만 한다.

운전자금은
많을수록 좋다

돈은 미래에 원하는 것을 소유할 수 있도록 하는 보증이다.

– 아리스토텔레스

이익은 현금으로 보유하라

돈과 금에 대한 사례를 검색하다가 희미해져 가는 경제용어 하나가 눈에 띈다. 중·고등학생 시절 한번쯤은 접해봤을 용어다. 바로 금본위제도다. '금본위제도(金本位制度)'는 산업혁명 이후 1816년 최초로 영국의 통화가 가장 먼저 금을 대신하기 시작할 때쯤 도입된 제도다. 이 제도는 '화폐단위의 가치와 금의 일정량의 가치가 등가관계(等價關係)를 유지하는 본위제'라 한다. 다시 말해 화폐의 가치를 금의 가치로 표시하는 제도를 말한다.

세계는 급속한 산업의 발달로 눈부신 경제 발전을 이루었다. 그래서 각 나라마다 자국의 화폐가 기축통화가 되기를 고대했다. 하지만 금융 경제의 규모를 선점한 미국의 화폐가 기축통화로 선두에 섰다. 기축통화는 수많은 화폐 중 교환 가치의 기준이 우선순위가 되는 화폐다.

국가도 다른 나라에 진 빚을 갚거나 경기가 나빠질 때를 대비해 어느 정도의 돈을 보유하고 있어야 한다. 이런 목적으로 나라가 가지고 있는 돈을 '외환 보유액'이라고 한다. 외환 보유액은 한마디로 나라가 급한 상황에 쓰기 위해서 달러(USD)로 비축해둔 비상금이라 할 수 있다.

1997년 우리나라도 경제가 나빠지고 외환 보유액이 부족해서 외환위기를 맞았다. 그래서 국제통화기금(IMF, International Monetary Fund)의 도움을 받았다. 국민들은 남녀노소 구분할 것 없이 집집마다 장롱 속 깊이 소중히 간직해오던 금을 가지고 나왔다. 일명 '금모으기 운동'을 통해 우리나라는 스스로 외환위기를 극복해냈다. '대단한 민족이다!' 그때 국민들도 국가 부도 사태의 심각성을 온몸으로 느꼈을 것이다.

외환위기는 국가의 심각한 경제 문제의 인식 부족과 기업들의 방만한 회사 운영, 기업들의 국제 경쟁력 약화, 수출 감소 등 여러 가지 문제점으로 인해 발생했다. IMF 당시 한국은행에 있던 외환 보유고가 바닥이 난 상태라 나라의 경제가 파산하게 되었다.

당시 수많은 기업과 금융 기관이 제 기능을 하지 못하고 문을 닫았다. 가장들이 직장을 잃고 실업자가 되어 가정 경제는 큰 어려움에 빠졌다. 그때는 국가도, 기업도, 가정도 부도 상태였다. 지금 생각해도 참담한 현실이었다.

기업도 이와 다르지 않다. 그래서 현금을 많이 보유하고 있으면 좋다. 왜냐하면 매출 실적이 떨어지고 경기가 나빠져 재정(돈) 상태가 좋지 않을 때 위기를 극복할 수 있는 비상금이 되기 때문이다.

위기를 극복하면 다음을 기약할 수 있다. 잘나간다는 S전자도 이익을 남겨 전부 비용으로 지출하지는 않는다. 쌓여 있는 잉여 자금을 통해 이익 창출을 위한 새로운 사업을 찾거나 이익 증대를 위해서 부단히 노력한다.

뉴스나 언론에서 "S전자 매출액이 늘었다. 사상 최고의 조 단위 영업이익을 달성했다"고 대서특필하곤 한다. S전자에서 공시하는 경영 숫자는 매우 커서 일반 사람들은 평생 접할 수 없는 숫자다. 그리고 그 숫자는 어느 정도의 돈인지조차도 가늠하기 어려울 것이다.

금융감독원 전자공시시스템(http://dart.fss.or.kr)을 통해 볼 수 있는 S전자 재무상태표와 경영성과를 나타내주는 손익계산서를 발췌해 보았다.

자산총계 203조원, 부채총계 42조원, 자본총계 161조원이다. 자산과 부채만 놓고 비교해보면 엄청 건실하다. '현금 및 현금성자산'이 4조원에 가깝다. 단기금융상품도 20조원이 넘는다.

우리나라 정부 예산이 2017년 429조원, 2018년 471조원이다. 한 기업의 자산총계 203조원과 비교해보면 엄청난 규모임을 알 수 있다. 그래서 혹자는 "대한민국은 S공화국이다"라고 말한다.

재무상태표
제50기 반기말 2018년 06월 30일 현재
제49기 기말 2017년 12월 31일 현재

(단위 : 백만원)

항목	제 50 기 반기말	제 49 기말
자산		
유동자산	68,070,224	70,155,189
비유동자산	135,899,888	128,086,171
**　자산총계**	**203,970,112**	**198,241,360**
부채		
유동부채	40,203,756	44,495,084
비유동부채	1,926,719	2,176,501
**　부채총계**	**42,130,475**	**46,671,585**
자본		
자본금	897,514	897,514
우선주자본금	119,467	119,467
보통주자본금	778,047	778,047
주식발행초과금	4,403,893	4,403,893
이익잉여금	159,960,751	150,928,724
기타자본항목	(3,422,521)	(4,660,356)
자본총계	**161,839,637**	**151,569,775**
자본과부채총계	**203,970,112**	**198,241,360**

※ 제49기(전기)는 종전 기준서인 K-IFRS 제1039호와 K-IFRS 제1018호, 제1011호, 제2031호, 제2113호, 제2115호, 제2118호에 따라 작성되었습니다.

매출액 83조원, 영업이익 22조원, 당기순이익 16조원이다.

손익계산서
제50기 반기 2018년 1월 1일부터 2018년 06월 30일까지
제49기 반기 2017년 1월 1일부터 2017년 06월 30일까지

(단위 : 백만원)

항목	제50기 반기		제49기 반기	
	3개월	누적	3개월	누적
수익(매출액)	41,314,723	83,921,701	42,130,809	76,709,333
매출원가	24,606,173	49,802,433	27,741,036	50,682,572
매출총이익	16,708,550	34,119,268	14,389,773	26,026,761
판매비와관리비	5,658,945	11,868,766	6,462,217	12,423,634
영업이익(손실)	11,049,605	22,250,502	7,927,556	13,603,127
기타수익	149,327	419,454	111,470	878,051
기타비용	101,997	142,880	152,340	265,178
금융수익	1,290,033	2,089,859	656,299	1,515,347
금융비용	1,292,378	1,953,368	615,280	1,493,898
법인세비용차감전순이익(손실)	11,094,590	22,663,567	7,927,705	14,237,449
법인세비용	3,016,605	6,133,124	1,783,981	3,219,958
계속영업이익(손실)	8,077,985	16,530,443	6,143,724	11,017,491
당기순이익(손실)	8,077,985	16,530,443	6,143,724	11,017,491
주당이익				
기본주당이익(손실) (단위:원)	1,189	2,433	888	1,586
희석주당이익(손실) (단위:원)	1,189	2,433	888	1,586

※ 제49기(전기)는 종전 기준서인 K-IFRS 제1039호와 K-IFRS 제1018호, 제1011호, 제2031호, 제2113호, 제2115호, 제2118호에 따라 작성되었습니다.

평소 잘나가던 회사도 갑작스럽게 유동성(기업의 자산을 필요한 시기에 손실 없이 화폐로 바꿀 수 있는 안전성의 정도) 위기를 겪는 경우가 있다. 토지, 건물 같은 고정자산은 즉시 현금화하기가 어렵다. 즉 부동산은 쉽게 사거나 팔 수 없다. 팔려고 아무리 발버둥을 쳐도 사겠다는 사람은 나타나지 않는다.

그 때문에 기업도 충분한 유동성을 확보하고 필요 시 사용할 수 있도록 이익을 현금으로 보유하고 있어야 할 것이다.

매력적인 재무제표 만들기

사람들은 누구나 주목받고 싶어 한다. 그래서 저마다 스스로 멋진 매력을 가진 사람이 되고자 노력한다. 평범한 외모와 일반적인 생각을 가지고 살아가는 사람들을 우리는 흔히 보통사람이라고 말한다. 보통사람 하니 막 중학교에 입학하던 때 한 사람의 얼굴이 스쳐 지나간다.

제13대 대통령(재임 1988~1993년)을 역임했던 노태우 전 대통령이다. 그 사람이 국민들에게 외쳤던 말이 생각난다. 그것도 엄청 당당하게 말이다. 아직까지도 내 귓가에 생생하다. "나, 이 사람 보통사람입니다. 믿어주세요!" 이때는 정말로 보통사람인 줄 알았다. 여기서 말하는 보통사람은 내가 알고 있는 보통사람과는 사뭇 다른 것 같다. 아울러 나 자신은 어떤 매력을 가진 보통 사람인지 무척 궁금하기도 하다.

한편 특별한 끼와 재능, 매력을 살려 자기만의 길을 가는 사람도 많다. 회사도 마찬가지다. 특별한 매력을 가진 회사로 만들어 나가야 한다. 매력적인 회사를 만들기 위해서는 반드시 매력적인 재무제표를 만들어야 한다. 관심도 없고 매력적이지 않다고 해도 '재무제표'라는 것이 무엇인지는 반드시 알아야 한다. 재무제표는 회사의 얼굴이자 대표자의 신용이기 때문이다.

그럼 매력적인 재무제표란 어떤 재무제표를 말할까? 먼저 재무제표가 무엇인지부터 배워보자. 자동차 운전면허시험을 보기 위해서는 액셀러레이터, 브레이크 패드, 방향지시등 등 관련된 용어를 배워야 하는 것처럼 말이다. 재무제표는 재무상태표, 포괄손익계산서, 자본변동표, 현금 흐름표, 주기와 주석 5가지로 구성되어 있다.

첫째, 재무상태표다. 회사 결산일(12월 31일) 현재 자산, 부채, 자본의 상태를 나타낸 표다. 자산은 투입된 자본이 어떤 형태(현금, 보통예금, 받을 돈, 재고자산, 토지, 건물, 기계장치, 사무실 임차보증금 등)로 운용(구성)되고 있는지를 나타낸다.

부채는 지급해야 하는 돈과 빌린 돈(갚을 돈)이다. 크게 2가지로 나눈다. 즉시 지급해야 하는 항목(유동부채)과 나중에 지급하거나 갚아야 할 항목(비유동부채)으로 구성된다. 자본은 주주가 투자한 돈이다.

둘째, 포괄손익계산서다. 일반적으로 손익계산서라고 한다. 1년 동안의 경영실적(수익 - 비용)을 보여주는 결산서다. 사업하여 얼마가 남았는지, 손해를 봤는지 알 수 있다.

셋째, 자본변동표다. 주주(회사의 주인)가 투자한 돈이 자본이다. 그래서 이 표는 자본의 구성항목과 변동현황을 보여준다.

넷째, 현금 흐름표다. 회사 돈이 어디서 들어왔다가 어디로 나갔

208

는지 상세히 나타내주는 표다. 그래서 어디에서 돈이 남았는지, 부족했는지 알려준다. 장사해서 남았는지, 투자해서 남았는지, 재무활동(현금의 차입과 상환, 신주발행, 배당금의 지급활동 등과 같이 부채 및 자본계정에 영향을 미치는 거래)으로 남았는지, 부족했는지 정보를 제공한다. 현금흐름표는 아주아주 중요하다. 나는 5가지 재무제표 중 현금 흐름표가 가장 핵심이라고 생각한다.

다섯째, 주석 및 주기다. 회사의 재무제표를 이해하는 데 많은 도움을 준다. 필요한 정보를 보충해 주기도 한다. 주주의 구성현황, 회사의 회계정책, 우발채무, 지급보증, 계약현황 등 중요한 정보를 제공한다.

그럼 재무제표를 완벽하게 다 이해하고 알아야 하는가? 그렇지는 않다. 그래도 기본 개념은 이해하고 있으면 경영에 도움이 되고 회사의 속사정을 알 수 있다. 5가지 재무제표를 완전히 분리해서 보면 좀 곤란하다. 결국 재무제표라는 보고서는 자산, 부채, 자본, 수익, 비용 5가지 항목으로 살아있는 생명처럼 연결되어 있다.

대충 개념은 알겠는데 굳이 재무제표를 매력적으로 만들 이유가 있을까? '장사나 잘하면 그만이지' 이렇게 생각할 수도 있다. 이런 부정적인 생각은 좀 곤란하다. 일시적인 현금 유동성 문제나 갑작스런 경영난으로 금융기관으로부터 자금을 조달해야 할 때가 누구에게나 닥쳐온다.

사업부지 확보, 공장이나 건물 신축 등 사업 확장을 위해 외부자금을 필요로 할 때도 있다. 일시(단기)적 또는 장기적으로 자금을 조달하기 위해서는 금융기관이 요구하는 기준에 맞춰 신용평가를 받아야만 한다. 크게는 재무적, 비재무적 평가를 받는다.

재무적 자료의 기초가 되는 것이 바로 '재무제표'다. 그래서 무엇보다 차지하는 비중도 크고 중요하다. 회사의 경영자가 관심과 정성을 다하는 만큼 정확하고 신뢰성 있는 재무제표가 만들어진다. 뜨거운 가마에서 백자와 청자가 나오는 것처럼 말이다. 뜨거운 열이 식고 검수를 받는 순간까지 정성을 다해야 한다. 금융기관은 통상적으로 3개년 재무제표 제출을 요구한다.

그다음은 비재무적 요건이다. 대표자의 신용도, 현금 및 부동산 보유현황, 대표의 경영능력, 회사의 사회 공헌도, 특허권 보유, 각종 인증, 기술력을 인정받으면 더욱 유리하다. 하지만 재무제표를 제출하지 않고 자금을 조달받을 수 있는 경우는 극히 드물다.

2017년 5월 어느 날, 고객사 대표님의 권유로 ㈜한국엔젤투자협회에서 주최하는 '엔젤투자자 양성' 교육과정에 함께 참석했었다.

"김 팀장, 엔젤투자자 양성 교육에 함께 안 갈래?"

"엔젤투자자가 뭐예요?"

교육을 받고 나서야 알게 되었다. 엔젤투자는 '사업 전망과 기술력은 있으나 자금이 부족한 초기 스타트업을 대상으로 투자하는 것'임을 말이다.

교육을 이수한 덕분에 '천사 같은 일반인 투자자도 있구나' 생

210

각하게 되었다. 그리고 새로운 세계에 눈을 뜰 수 있었다. 쇠뿔도 단김에 빼라 했다. 곧바로 7월 초순경에는 부산 해운대 웨스턴조선 호텔에서 숙박 과정으로 실시하는 전문엔젤투자자 양성 교육과정도 수료하였다.

수료 과정을 마치고 나서는 투자 안목이 샘물처럼 솟아날 거라는 착각에 빠졌다. 투자란 일정 기간을 거쳐 수익 창출을 위한 목적으로 행동하는 과정이다. 그렇기 때문에 돈을 투자하는 결정은 신중해야 한다. 투자를 위한 사전 준비가 반드시 필요하다. 투자할 회사의 실질 경영진을 직접 만나보기도 하고 회사가 향후 성장 가능성이 있는지 검증도 해야 한다. 투자금은 언제쯤 회수될지, 그 회사의 수익률은 어떨지 가늠해봐야 한다.

투자자는 여러 가지 핵심적인 정보를 파악하기 위해서 재무실사를 진행하게 된다. 재무실사를 위한 핵심자료가 바로 재무제표다. 과거의 재무정보가 100% 정확하다고 말할 수는 없다. 하지만 충실하게 작성된 경우라면 최근 3개년, 5개년의 재무제표가 투자 의사결정을 위한 기초자료로 충분히 활용될 수 있다.

사람들은 출생하는 순간부터 병원 진료기록, 출생신고에 따른 행정정보 기록을 남긴다. 또 유치원, 초등학교 입학을 시작으로 대학이라는 관문을 거치며 각종 다양한 학력, 경력, 사회경험을 쌓는다.

기업도 회사 설립 후 본격적인 사업을 시작으로 숫자로 그 흔적을 남기기 시작한다. 거래가 오른쪽(대변)에서 발생했다가 왼쪽(차변)

에서 소멸한다. 반대로 왼쪽(차변)에서 발생했다가 오른쪽(대변)에서 소멸한다. 그 수많은 거래는 회계장부의 기장을 통해 재무제표라는 보고서에 역사로 기록된다.

경영보고서인 재무제표는 한 개인의 삶과 매우 유사하다. 재무제표도 연도별로 거래의 모든 결과를 온전히 그 속에 담고 있다. 총자산의 크기는 어떤지, 매출액이 오르막인지 내리막인지, 비용은 왜 증가했는지 또는 왜 감소했는지, 손실인지 이익인지를 보여준다.

과거로부터 기록된 회사의 순자산(자산 - 부채)이 얼마가 되는지, 잉여금은 어떤 상태인지 알 수 있다. 사람들의 인생은 유년시절을 거쳐 황혼에 이르면 자신의 살아온 인생의 여정을 여과 없이 얼굴과 이마 주름살에 담아낸다. 사람들을 만나 이야기 나누고 자세히 대면해 보면 대략 그 사람이 어떻게 살아왔는지 짐작하거나 상상해볼 수 있는 것처럼 말이다.

매력적인 재무제표를 만들기 위해서는 시작이 매우 중요하다. 첫 단추가 어긋나면 마지막 단추가 당연히 맞지 않는다. 회사마다 엉망진창인 재무제표가 존재한다.

Case I 사례 A 유형

아스팔트 포장공사를 전문으로 하는 법인을 설립하기 위해서는 필요 자본금(주식수 * 액면가)이 3억원이다. 포장공사업을 시작하기로 한 나○○ 사장은 금융권 및 사채업자에게 잠시 돈을 빌려 자본금을 납입했다. 그리고 곧바로 그 돈을 인출하여 갚는다. 이것은 법인설립을 위해 주금납입의 형식을 갖춘 것에 불과하다. 인출해서 갚은 돈은 고스란히 '가지급금'이 된다. 회사는 곧바로 빈털터리 깡통 회사가 된다.

Case II 사례 B 유형

필자는 2018년 7월 또 다른 항해를 시작했다. 개인사업자로 하던 사업을 정리하고 '주식회사 디딤돌'이라는 경영컨설팅 회사를 설립했다. 경영관리가 부실하거나 취약한 재무환경에 있는 소상공인, 중소기업에 든든한 디딤돌 역할을 하고 싶었다. (-)대출을 받아 1,000만원 자본금을 납입하여 법인 설립 등기를 마쳤다. 그다음 법인 통장을 개설하여 통장으로 자금을 이체 후 홍보 및 마케팅 비용 등으로 지출하였다. 위 2가지 사례의 기초 재무상태표를 살펴보자.

[사례 A – 가장납입]

재무상태표
2018년 12월 31일

꼴뚜기 주식회사 (단위 : 원)

계정과목	금액	계정과목	금액
가지급금	300,000,000	자본금	300,000,000

[사례 B – 실제납입]

재무상태표
2018년 12월 31일

주식회사 디딤돌 (단위 : 원)

계정과목	금액	계정과목	금액
보통예금	10,000,000	자본금	10,000,000

똑같이 법인을 설립하였는데 사례 A는 '가지급금'으로, 사례 B는 '보통예금'으로 기록되었다.

매력적인 재무제표 만들기는 시작이 반이다. 그 핵심 요령은 무엇인가?

첫째, 상법(제305조 주식에 대한 납입)에 위배되지 않는 주금 납입이다. 진정한 주주로서의 책임을 다해야 한다. 가장납입은 절대 금물이다.

둘째, 적절한 회계처리기준(원칙)에 맞게 장부를 충실히 작성하는 것이다. 우리나라는 한국회계기준원(KAI)에서 회사에 맞는 회계기준을 적용하도록 명문화하고 있다.

외부감사 대상이 아닌 중소기업의 경우 '중소기업회계기준'에 맞게 회계처리하면 된다.

출처 : 한국회계기준원(KAI)

회계기준	적용대상	외부감사	관련법령
1.한국채택국제회계기준 (K-IFRS)	주권상장법인 및 금융회사	의무	주식회사의 외부감사에 관한 법률
2.일반기업회계기준	외부감사대상 주식회사		
3.중소기업회계기준	외부감사 대상 이외의 주식회사	면제	상법

셋째, '매월(月) 장부 마감 → 월(月) 결산보고 → 검토 분석 → 재무구조 및 수익구조 개선 → 목표 달성을 위한 실행 → 성과 달성' 절차를 무한 반복한다. '자산 > 부채'의 재무 상태와 '수익 > 비용'의 영업실적을 완전히 숙지하게 될 것이다. 이것이 경영의 첫걸음이다. 그

214

리고 성장을 위해 '결단하고 행동'하면 된다.

　매력적인 재무제표는 절대로 하루아침에 만들어지지 않는다. 서로 소통하고 공감하고 고민한 값진 결과물이다. 이렇게 함께 만든 장부가 진정 매력적인 재무제표다.

PART5

사업하지 말고
장사하라

경영은
완벽한 시스템이다

경영진단과 처방만으로도
기업의 생존 기회는 100배 더 증가된다고 확신한다.

- 성공전략 기버(Giver), 김상기

반드시 전문가의 진단과 처방을 받으라

과거 역사 속 수많은 왕들은 혼자만의 힘으로 왕좌에 오를 수 없었다. 그동안 수없이 읽었던 역사 속 이야기에서는 적어도 그렇다. 왕의 혈통을 이어받았다는 이유만으로 유년 시절부터 끊임없이 학문을 익히고 무술을 연마했다. 사서(논어, 맹자, 대학, 중용), 삼경(시경, 서경, 역경)에 '춘추'와 '예기'를 더해 오경을 모두 익혔다.

고난을 극복하고 뜻이 맞는 인재를 등용하여 측근 세력을 만들고 영향력을 넓혀갔다. 뜻을 함께한 측근 세력들의 지지와 목숨을 건

정치적 싸움은 왕위 계승에 결정적 역할을 했다. 그 같은 과정을 거쳐 왕은 왕좌에 올라 왕권을 확립하고 뜻을 펼칠 수 있었다.

현대사회에서 기업도 경영권 세습을 한다. 아버지가 자식에게, 할아버지가 손자 손녀에게 중역을 맡겨 현장 경험을 쌓을 수 있게 경영수업을 시킨다. 드넓은 세상을 벗 삼아 경험하고 체험하게 한다. 조기 유학으로 시작해서 외국에 있는 대학교나 대학원을 거친다. 경영학 석사(MBA, Master of Business Administration) 과정을 거쳐 실질적으로 경영에 활용할 수 있는 경영자 수업까지 마스터한다.

MBA는 경영전문대학원 과정이다. 이 과정은 경영학 이론에 한정되어 있지 않다. 실제 상황에 사용할 수 있도록 훈련시키는 과정을 포함한다. 경영권 세습을 위한 사회적 여론을 만들고 내부 구성원들로부터 암묵적 동의를 구한다. 그들은 최대 지분을 가지고 있으며 창업주와 혈육관계다. 그리고 창업주가 든든한 후원자다.

경영권을 승계받았다고 끝이 아니다. 이제부터는 실전이다. 비즈니스는 총성 없는 전쟁이다. 뛰어난 기술력과 실적(매출)만이 살 길이다. 이익을 내야 '시장 점유율 1위'라는 승자의 자리에 앉을 수 있다. 기업은 끊임없이 성장을 갈구한다.

적어도 경영위기가 닥치기 전까지는 말이다. 큰 기업은 유능한 인력과 충분한 자본력을 동원해서 스스로 진단과 처방을 한다. 반면 대다수의 소상공인 및 중소기업은 속수무책이다. 더욱 심각한 것은 회사를 운영하는 CEO조차 회사의 재무제표에 관심조차 두지 않는다는 점이다. 물건을 팔거나 서비스를 제공하는 일이 재무제표와 별개라고 생각하고 앞으로 나아가는 일에만 급급하기 때문이다.

당신은 하루 동안 얼마나 자주 자신의 모습을 살펴보는가? 아침에 세수할 때 한 번, 현관문을 나갈 때 슬쩍 한 번, 회사에 출근해서 화장실에 갈 때마다 보는 것이 전부일 것이다. 평범한 일상 속 흔한 모습이다. 그런데 거울도 자주 보면 미인 미남이 된다. 기업도 마찬가지다. 관심을 가져야 한다. 어떻게 하면 이익을 창출할 수 있을까? 어떻게 하면 건강한 재무구조를 만들 수 있을까?

'중이 제 머리를 못 깎는다'라는 속담이 있다. 스스로 못하면 전문가의 도움을 받아야 한다. 건강에 이상 신호가 오면 병원에 가듯 기업도 전문가들의 진단과 처방이 반드시 필요하다. 건강도 건강할 때 지켜야 한다. 갑작스런 경기 장기 침체로 잘나가던 회사도 도산을 맞는 경우가 부지기수다.

2019년 연초부터 중소기업의 앞날은 어둡기만 하다. 최저임금 상승, 금융권의 금리 인상, 대기업의 실적 악화에 따른 중소업체의 납품 수요 감소, 기업의 사회적 비용 증가 등에 따라 당연히 경영이 위축될 수밖에 없다. 위기의식도 생길 것이다. 〈중소기업신문〉 기사의 제목만 봐도 알 수 있다. "중소기업 올해도 가시밭길 예고", "실적은 나빠지는데 비용부담만 더 커져"….

어려운 여건 속에서도 기업은 살아남아야 한다. 회사에 소속된 구성원들과 그의 가족들, 관계 업체들…. 혼자만의 문제가 아니라 그들의 생계가 달려있는 중차대한 문제이기 때문이다. 살아야 한다는 의지만으로는 부족하다. 기업도 사람마냥 병이 난다. 아파도 아프다고 말을 못할 뿐이다. 아파서 병원에 가면 먼저 진단을 한다. 갖가지 검사를 한다. 그 결과를 토대로 원인을 찾는다. 그리고 처방을 내린다.

기업도 마찬가지다. 보이는 것과 보이지 않는 모든 것을 진단한다. 그래야 처방할 수 있다. 수많은 세균과 바이러스는 사람들을 병들게 한다. 기업도 보여지는 외형적인 모습이 다가 아니다. 늦기 전에 전문가의 경영진단을 받아야 한다. 담당하고 있는 경리아웃소싱 업체를 상대로 간략히 경영진단을 해보곤 한다. 영업실적, 현금 흐름, 구성원 세 가지 내용이다.

구분	흑자(건강)	적자(악화)
영업 실적	- 매출액이 지속적으로 증가한다.	- 매출액이 지속적으로 감소하거나 들쑥날쑥하다.
	- 매출원가 관리가 철저하다.	- 매출원가 관리 개념이 없다. 또는 대충 하거나 관심이 적다.
	- 매월 지출되는 판매비와 일반관리비가 적정하다.	- 매월 지출되는 판매비와 일반관리비의 규모를 모르거나 과다한 비용 지출이 많다.
	- 영업외 수익(이자수익, 임대료 수입)이 영업외 비용(이자비용 등)보다 크다.	- 영업외 수익은 없으나, 영업외 비용(이자비용)은 많다.
	- 자체적인 월 결산보고를 한다.	- 외부 기장에 의존한다.
	- 자금관리 보고 시스템이 존재한다.	- 회사의 사장이나 가족이 혼자 한다.
	- 자금관리 통제가 명확하고 철저하다.	- 자금관리 통제가 없거나 명확하지 않다.

현금 흐름	- 자금계획을 세운다. (사후관리 포함)	- 자금계획 없이 입출금이 수시로 일어난다.
	- 일일 자금수지 마감을 한다.	- 자금수지 마감 개념이 없다.
	- 채권관리(수금)가 철저하다.	- 채권관리(수금)가 원활하지 않다.
	- 정기 예·적금이 있다.	- 정기 예·적금이 없다.
	- 정부 정책자금 및 금융권 자금을 적절히 잘 활용한다.	- 2금융권, 고금리 사채업자, 지인들로부터 자금을 융통한다.
구성원	- CEO의 경영관리 의식이 깨어있다.	- CEO의 경영관리 의식이 없거나 적다.
	- 경영자와 직원 간 상호 신뢰가 높고, 소통의 장이 열려 있다.	- 경영자와 직원 간 불신이 크고, 소통의 장이 적다.
	- 임직원들이 서로 인사를 잘한다.	- 임직원들이 서로 인사를 잘하지 않는다.
	- 방문자 및 고객사에 친절하다.	- 방문자 및 고객사에 불친절하다.
	- 맡은 바 직무에 대한 책임감이 강하다.	- 주어진 업무 외에는 관심이 없으며, 직무에 대한 책임감이 적다.
	- 부서(팀) 간 업무 협조가 원활하다.	- 부서(팀) 간 업무 협조가 원활하지 않다.
	- 회사에 대한 주인의식이 있다.	- 회사에 대한 주인의식이 적거나 없다.

흑자가 나서 건강한 기업은 세무 리스크 절감 및 세금 절세 방안을 모색하는 단계로 넘어간다. 하지만 적자가 나고 경영이 악화된 기업은 진단과 처방으로 처음부터 다시 시작한다. 지금부터라도 진단과 처방으로 사업 성공의 초석을 다지기를 권한다.

경영보고 시스템은 건강할 때 만들라

지속적으로 이익을 내고 있는 기업은 연일 기업 가치가 상승한다. 그러나 무리한 투자로 인해 재정적인 어려움에 봉착하는 경우도 있다. 자금 경색으로 채무 불이행이 발생하고 영업이익이 빚(부채)을 충분히 감당할 수 없을 경우 기업회생절차를 밟게 된다. 오래전 경기도 포천에 있는 N 레미콘 회사에 재직할 때의 일이다. 당시 회사가 기업회생절차 진행 중이었다. 그때 법원에서 회사에 요구한 것은 딱 3가지였다.

> 첫째, 목표한 매출을 달성할 것!
> 둘째, 계획된 영업이익을 실현할 것!
> 셋째, 채무자에 대한 채무(빚) 변제를 계획대로 이행할 것!

세 번째 '채무자에 대한 변제이행'이 최종 목적이다. 당연히 첫 번째, 두 번째가 원만히 이루어져야 함은 물론이다. 영업실적, 결산보고, 현금 흐름, 회사의 전반적인 경영 상황을 담당판사에게 매월 보고해야만 했다. 포천에서 교대에 있는 서울중앙지방법원으로 향했다. 그렇게 매월, 3년간 지속했다. 법정 관리인도 동행했다.

당시 회사는 지속적인 매출도 있었으며, 영업이익도 나는 구조였다. 하지만 악성 매출채권(받을 돈)이 문제였다. 받을 돈(외상매출금)은 회수되지 않고 지급해야 할 돈(외상매입금, 지급어음, 급여, 4대보험료, 각종 공과금 등)은 때가 되면 지급해야 했다. 내부적으로 영업사원들 관리 소홀이 사건 발단의 시작이었다.

사장님의 건강 문제로 갑작스럽게 발생한 경영자의 공석은 더욱

224

더 심각한 경영 악화를 가져왔다. 얼핏 보면 무리하게 조달한 운전자금이 회사 부도의 원인처럼 보였을 것이다. 하지만 제대로 된 경영보고 시스템이 없었다는 것이 가장 큰 문제였다.

과거의 운영 실태를 살펴보니 원인과 결과가 이미 나와 있었다. 재무제표 및 경영상 문제를 진단해 보았다. 먼저 재무상태표에 나타난 자산과 부채의 계정과목을 살펴봤다.

1. 외상매출금(받을 돈)

〈원인〉

• 매출(판매) 거래처에 대한 정보가 부족하거나, 신용평가가 전혀 없는 상황에서 영업사원들에게 의존하여 제품(레미콘)을 납품한 것이 화근

• 주문자, 납품처, 세금계산서 발행 업체가 모두 달라서 추후 채권 회수가 불가능함

(ex. 주문은 A사, 납품은 B사, 세금계산서 발행은 C사)

• 느슨하게 매출채권(외상매출금, 받을어음)을 관리하였으며, 수금예정일이 지나도 별다른 제재가 없었음 (ex. 수금예정일 8월 31일 → 실제 수금일 11월 30일)

• 매출(판매) 거래처에 확인한 결과, 영업사원이 수금하여 자금을 임의로 또는 일시적으로 유용한 사례도 있었음

〈결과〉

- 매출채권(외상매출금, 받을 어음)에 대한 자산 부실화가 심각해짐
- 추후 채권행사를 하지 못하거나 회수 가능성이 매우 낮아졌음

2. 받을어음(타인이 발행한 어음)

〈원인〉

- 어음 발행자 또는 배서인에 대한 정보가 부족하거나 신용평가가 이루어지지 않았음
- 받을어음 발행자 또는 배서인에 대한 정보가 정확하게 기재되어 있지 않거나 누락되어 있었음(발행일자, 발행금액, 만기일자, 지급처, 지급자)
- 청구한 세금계산서 발행처 배서가 누락되어 있었음

〈결과〉

- 받을어음 부도 발생률 증가
- 부도 어음으로 인해 자금 압박이 심해지고 사후 청구권 행사가 불가능해짐

3. 외상매입금(줄 돈)

〈원인〉

- 적정 원자재(시멘트, 골재, 모래)보다 많은 양을 주문

〈결과〉

• 빚(채무) 부담이 증가하여 재정(돈)이 더욱 악화되었다. 야적장에 산더미처럼 쌓여 있는 골재와 모래는 잠자고 있는 돈이다.

4. 지급어음(내가 발행한 어음)

〈원인〉

• 판매대금 회수가 원활하지 않자 원자재(시멘트, 골재, 모래, 혼화제) 대금을 기일에 맞춰 어음을 발행함

• 부족한 현금을 조달하기 위해 고금리로 융통어음도 발행함

〈결과〉

• 빚(채무) 부담이 더욱 가중되어 자금 압박이 더욱 심각해짐

• 원금뿐만 아니라 현금을 융통하기 위해서 발행한 어음으로 이자비용이 더욱 증가함

5. 차입금(빌려온 돈)

〈원인〉

• 자금계획 없이 무분별하게 가까운 지인이나 이자율이 높은 제2금융권에서 자금을 조달함

〈결과〉

• 부채(빚)가 증가하여 부채비율이 높아지고 재무구조가 악화됨

• 상환기일이 도래할 때마다 자금 압박이 더욱더 심각해짐

다음은 손익계산서상 수익과 비용을 살펴보기로 한다.

〈원인〉

• 채권회수가 원활하지 않은 상태에서도 매출증대를 위한 레미콘 판매에만 집중

〈결과〉

• 받을 수 없는 채권이 증가하고 매출처(판매처)의 잠적, 고의적인 대금 지급 회피 등으로 악성채권이 빠르게 증가됨

비용(제조원가 및 판매비와 관리비, 영업외비용)

가. 제조원가

〈원인〉

• 원자재 대금 지급 지연, 지급어음 만기연장 요청으로 회사의 신용상태가 나빠지자 원자재 가격이 인상됨

〈결과〉

• 제품(레미콘) 판매단가는 일정한 반면 제조원가가 높아지고, 판매마진이 감소됨

228

나. 판매비와 일반관리비

〈원인〉

• 월 지출되는 고정 비용의 적정성 여부 검토 및 분석이 전혀 없거나 부족했음

〈결과〉

• 월 고정비가 증가하고 불필요한 비용이 지속적으로 증가하였으며, 영업 손실을 더욱 가중시킴

다. 영업외비용

〈원인〉

• 제2금융권으로부터의 차입 및 일시적인 운전자금을 조달하기 위해서 융통어음을 발행함

〈결과〉

– 현금을 조달하기 위한 이자비용이 지속적으로 증가하고, 당기 순손실이 증가됨

회사 경영상 이슈사항　　　　　　　　　　　　　　**⦿ Tip**

– 제조원가 관리 소홀
– 매출처에 대한 직접적인 회사의 수금관리가 전혀 없었고 전적으로 영업사원들에게 의존
– 월 회계결산보고가 없었음
– 현금 흐름(자금수지) 계획에 대한 월, 분기, 단기, 중장기 계획이 미흡

결국 경영보고 시스템이란 '상호 보고'를 통해 최선의 의사결정을 도출하는 데 그 목적이 있다. 자연의 섭리처럼 경영이 흘러가게 그냥 내버려둬서는 절대 안 된다. 경영이 악화되지 않도록 하기 위해서는 건강할 때 '경영보고 시스템'을 만들어야 한다.

CEO가 회사의 가치를
결정하는 비율

장사는 돈을 남기는 것이 아니라 사람을 남기는 것이다.
재물은 평등하기가 물과 같고, 사람은 바르기가 저울과 같다.
(財上平如水 人中直似衡, 재상평여수 인중직사형).

- 조선의 거상, 임상옥

CEO의 도덕성 평가는 무엇보다 중요하다

최근 대기업, 중견기업의 비도덕적인 경영 문제가 이슈화되면서 뉴스나 신문기사를 통해 쉽게 접할 수 있는데, 그 수위가 심상치 않다.

한 예로 일명 ○○항공 '땅콩회항' 사건이 있었다. 경영진 갑질 논란 사건은 그 정도가 얼마나 심각한지 잘 보여주는 사례다. 우월한 위치를 이용하거나 비윤리적인 방법으로 협력사의 납품 가격을 하향 조정시키거나, 이윤 창출에 눈이 멀어 불량 제품을 생산하여 소비자를 속이고 기만하는 행태를 서슴지 않고 있다. 그것도 합법을 가장한 상생의 이름을 앞세워서 말이다. 부도덕한 경영 행태는 당연히 기업의 생명력을 단축시키는 지름길이 된다. 이것은 소수 기업들의 이야기일 수 있지만 우리에게 시사하는 바가 크다.

우리나라는 35년 일제강점기를 걸쳐 6·25 전쟁의 폐허 속에서도 급속도로 경제발전을 이룩했다. 그리고 세계경제 대국의 반열에 우뚝 서 있다. 하지만 성장한 대기업들은 '경영 세습', '족벌 경영'으로 재벌 기업의 폐해를 보여 주고 있다. 능력과 성과 중심보다는 '주주총회 및 이사회'를 통해 부당한 부의 이전으로 가족경영 체제를 유지하고 있다. 이 점에 대해서는 당연히 부정적인 평가가 뒤따를 수밖에 없다.

《한비자》 설림하편(說林下篇)에 나오는 이야기다.

제나라가 노나라를 쳐서 이긴 다음 노나라의 국보(國寶)인 참(讒)이라는 솥(鼎)을 요구했다.

노나라는 가짜를 보냈다.

"이건 가짜가 아니냐?"

그러나 노나라에서는 진짜라고 고집을 부렸다.

"이건 진짜다!"

"그렇다면 귀국의 악정자춘(樂正子春)[춘추 시대 노(魯)나라 사람으로 증자(曾子)의 제자 가운데 한 사람. 악정(樂正)은 주대(周代)의 관직명에서 유래한성(姓)임]을 데리고 오라. 그의 말이라면 믿겠다."

노나라 임금은 악정자춘에게 적당히 거짓말을 해줄 것을 부탁했다.

악정자춘이 임금에게 물었다.

"왜 참 물건을 가지고 가지 않았습니까?"

"보내기가 아까워서 그랬네."

"신도 또한 신의 진실을 아낍니다."

CEO는 도덕성과 신용이 가장 중요하다. 진정한 부자는 정당한 방법으로 큰 재산을 모은 사람을 말한다.

'300년 부를 이어온 경주 최 부잣집' 이야기다. 조선 중기의 무신이었던 최진립(崔震立, 1568~1636년)은 집안의 뿌리인 조상을 기리며 끊임없이 자신을 갈고닦으라는 가르침을 남겼다. 옛말에 '뿌리 깊은 나무가 크게 자란다'라는 말이 있다. 여기서 뿌리란 조상을 말한다. 뿌리는 땅이 없으면 말라죽는다. 땅은 곧 나라이니 장차 나라를 위할 줄 아는 사람이 되어야 한다. 경주 최 부잣집은 대를 이어 가난한 농민과 백성들, 나라를 위하는 정신으로 끝까지 존경받는 덕망을 쌓았다.

여기서 경주 최 씨 집안의 가훈을 소개한다.

- 과거를 보되 진사 이상은 하지 말라.

– 사방 백 리 안에 굶어 죽는 사람이 없게 하라.

– 재산은 만 섬 이상 모으지 말라.

– 최 씨 가문의 며느리들은 시집 온 후 3년간 무명옷을 입게 하라.

– 과객을 후하게 대접하라.

– 흉년에는 재산을 늘리지 말라.

최 부잣집은 위 가훈 덕분에 당파나 권력 싸움에 휘말리지 않고 덕을 쌓아 존경을 받는 가문으로 남게 되었다고 한다.

정경유착(기업은 정치인에게 정치자금을 제공하고 정치인은 반대급부로 기업인에게 특혜를 베푸는, 정치인과 기업인 사이의 밀착 관계)이나 기업 총수의 불법적인 사건 연루와 비도덕적인 행실로 인하여 기업 이미지가 실추되고 주가가 폭락하는 경우가 종종 있다. 하지만 기발하고 톡톡 튀는 마케팅 효과로 엄청난 판매고를 달성하는 일도 있다. 기업의 CEO가 직접 광고에 출연하는 사례다.

천호엔케어(구 천호식품)의 "산수유, 남자한테 정말 좋은데 어떻게 표현할 방법이 없네", 장수돌침대의 "별이 다섯 개!" 등이다. 하지만 기업 CEO의 도덕적 평가가 뒷받침되지 않는다면 역효과가 생길 것이 뻔하다.

덕(德)의 사전적 의미는 '도덕적, 윤리적 이상을 실현해 나가는 인격적 능력', '공정하고 남을 넓게 이해하고 받아들이는 마음이나 행동'이다.

234

오늘날 기업의 CEO는 최종 의사결정을 하는 리더로서 경영성과 실현 및 비전 달성에 막중한 책임을 지고 있다. CEO의 자리는 무엇 하나 간단치가 않다. 이러한 책임을 완수하면서도 덕을 길러야 한다. 많은 사람들이 존경하고 섬기고픈 도덕적 인격을 갖춘 사람이 되어야 한다.

회사 경영은 '방법'이 아니라 '결정'으로 한다

"리더는 늘 결정을 내려야 하는 위치에 있습니다. 경영은 계속되는 의사 결정(Decision Making)의 과정입니다. 어떤 사업을 추진할 것인지 말 것인지 결정을 내려야 합니다. 어떤 사람을 그 자리에 임명할지, 누구를 자리에서 물러나게 해야 할지 결정해야 합니다. 어떤 사업에 투자를 할지, 아니면 철수를 할지 결정해야 합니다. 좋은 결정을 내리기 위해서, 혹은 옳은 결정을 내리기 위해서는 우선 스타팅 포인트와 파이널 골을 설정하고, 그 중간 과정에서 수행 방법(Methodology)을 찾아야 합니다."

삼성전자 '반도체 신화'의 일등공신으로 잘 알려진 권오현 회장이 쓴 《초격차》에 나오는 내용이다.

그렇다. 조직의 리더는 최종 결정을 내려야 하는 자리에 있다. 그

결정이 옳든 그렇지 않든 그것은 이차적인 문제다. 평가는 그다음이다. '방법'만 구상하고 '결정'하지 않는다면 비즈니스는 후퇴하고 만다. 또 아무런 결과물도 얻지 못할 것이다.

조직에서 최종 의사결정은 실질적인 경영자(Owner)가 해야 한다. 그래서 회사는 '방법'이 아니라 '결정'으로 나아간다. 사람의 인생은 선택의 연속이다. 회사도 '결정'을 통해 비즈니스가 시작된다.

판로 개척을 위해 해외로 사업을 확장할지 말지, 내리막길에 있는 사업을 정리할지 유지할지, 사업 다각화를 위해 신규 사업에 진출할지 말지, 공장 부지를 임대할지 구매할지, 조직개편을 앞둔 상황에서 적임자를 찾기 위해 기존의 인력을 그만두게 하거나 신규로 채용할지 등을 '결정'해야 한다.

나아가 매출실적이 저조하여 막대한 손실을 감당할 수 없는 막다른 순간에, 직장 폐쇄를 해야 하는 결정적인 순간에 정말 운명을 건 중요한 '결정'을 해야만 한다. 방법만을 생각하는 것만으로는 아무 소용없다. '결정'하고 '행동'해야만 한다.

성공철학의 거장 나폴레온 힐(Napoleon Hill)은《나폴레온 힐 성공의 법칙》에서 "신속한 결정을 내리는 습관을 가져야 한다"고 말한다.

또 '결정'에 대한 중요한 다음과 같은 메시지를 전하고 있다.

"성공을 위한 투쟁을 수행할 때 한시라도 잊지 말아야 할 것은 자신이 원하는 것이 무엇인지 아는 것, 자신의 명확한 목표가 무엇인

236

지 정확하게 하는 것과 자신의 명확한 목표를 달성하는 데 조직화된 노력의 가치를 깊이 명심하는 것이다. 막연하게나마 거의 모든 사람들이 확실한 목적으로 돈에 대한 욕망을 꼽고 있다.

그러나 이 책에서 의미하는 명확한 목표는 그런 것이 아니다. 돈을 버는 것이 목적인 경우라도 자신의 목적이 명확하다고 말하려면 적어도 어떻게 돈을 축적할 것인지 명확한 수단을 선택해놓아야 하는 것이다. 돈을 벌기 위해 뭔가 일을 해야겠다고 하는 것만으로는 충분하지 않다. 정확히 어떤 일을 할 것인지, 어디서 할 것인지, 어떻게 할 것인지 등을 결정해야 한다."

나는 과거에 영어회화 공부를 하기 위해서 여러 가지 방법을 강구했다. 영어회화 관련 도서 구입, 회화 학습지 탐독, 학원수강, 인터넷 강의, 유명한 강사의 유튜브(YouTube) 시청 등. 하지만 거기까지였다. 이런저런 방법만을 찾아 헤맸다. 음식 간 보듯 기웃거렸다. 지속성도 많이 부족했다. 실천을 위한 단호한 결정은 없었다. 그저 절실한 마음만 가지고 있었다. 그 당시 내가 왜 영어회화 공부를 해야 하는지에 대한 명확한 목표점이 없었던 것 같다.

천천·쉬지엔의 저서《결단》에서는 다음과 같은 메시지를 전한다.

"언제까지 고민만 하고 우유부단하게 삶을 살 것인가? 머뭇거리기엔 짧은 우리의 인생, '결단'을 통해 거침없이 성공과 행복을 누리자."

이 순간에도 시간은 빠르게 흘러가고 있다. 신속한 결정으로 다가올 위험을 사전에 제거하지 않는다면 회사 경영이 밑바닥으로 내려가는 것은 한순간이다.

우리는 하루에도 무언가를 하기 위해 수많은 '선택과 결정'을 한다. 쏟아지는 많은 정보의 망망대해를 항해한다. 정치, 경제, 사회, 문화의 변화 속에서 수많은 정보를 접한다. 기업은 그 정보를 습득, 활용하여 생존을 위한 의사 결정을 한다. 활용되지 못한 정보는 가차없이 버려지기 마련이다. 생존을 위한 정보만이 필요할 뿐이다.

최상의 방법이 있어도 결정을 통한 실행이 없다면 무용지물이다. 매일매일 무한경쟁 속에 있는 소상공인 및 중소기업, 대기업들은 생존을 위한 방법을 끊임없이 찾고 있다. 때로는 상생하고, 때로는 살아남기 위해 상대방을 곤란한 지경에 빠뜨리기도 한다. 시장점유율을 독차지하기 위한 것이다.

결정이 없다면 아무것도 소용이 없다. 우리나라 역사에서 의사결정에 대한 한 획을 그은 사건이 있다. 위화도 회군으로 권력을 잡고 '조선(朝鮮)'을 건국한 태조 이성계(李成桂, 1335~1408, 재위 1392~1398)의 이야기다.

건국한 이래 '조선'이라는 나라는 대한민국 국민이라면 누구나 알고 있는 '조선왕조 500년'의 역사를 가지고 있다. 또 우리가 알고 있는 조선의 수도인 '한양(漢陽)'이 현재의 '서울'이 되었다. 그래서 오늘날 대한민국 서울의 모습이 만들어졌다.

더욱 놀라운 것은 아직도 조선팔도(경기·충청·전라·경상·강원·황해·평안·함경)의 지명을 그대로 사용하고 있다는 사실이다. 과거 '한양천도'라는 의사결정이 만든 결과다. 당시 태조 이성계가 대신들과 정도전(鄭道傳, 1342~1398)의 '수도이전'에 대한 의견을 받아들이지 않았다면 어땠을까? 현재 대한민국의 수도는 서울이 아닐 수도 있다.

이와 관련된 영화의 한 장면이 떠오른다. 2014년 8월에 개봉했던 이석훈 감독의 《해적: 바다로 간 산적》이라는 작품이다. 고래 뱃속으로 들어간 조선의 국새를 먼저 찾기 위해 산적과 해적이 쫓고 쫓기는 이야기다. 시대적 배경은 고려가 멸망하고 조선이 건국된 시기였다. 위화도 회군에 함께했던 고려의 장수 장사정(김남길)은 이성계를 조선의 왕으로 인정하지 않는다. 그래서 산속으로 들어가 산적의 우두머리가 된다.

생계가 막막해지고 도적질의 한계를 느낀 장사정은 순간 일확천금을 꿈꾼다. 그를 따르는 산적 일당들과 함께 국새를 찾아 바다로 떠난다. 해적들은 망망대해에서 새끼고래를 이용하여 해적들이 국새를 삼켰던 어미 고래를 포획한다. 하지만 산적과 해적, 관군이 싸우는 사이 동아줄은 끊어져 고래는 깊은 바다 속으로 가라앉고 만다. 결국 조선의 국새는 찾지 못했다.

영화의 마지막에 다다르자 장사정도 조선의 새로운 왕을 인정하지 않을 수 없다는 결단을 내린다. 그는 밤에 몰래 왕의 침실로 잠입한다. 장사정 역을 맡았던 '김남길'이 태조 이성계에게 남긴 "백성을 위한 진정한 왕이 되시오!"라는 대사가 새롭게 와 닿는다. 회사에서 결정을 내릴 때도 그 결정 하나하나가 사운을 결정짓는다는 마음가짐으로 임해야 한다. 기업이 살고 죽는 것은 모두 '결정'에 달려 있다.

최근 막대한 부를 축적한 기업에 대해 사회적으로 이익 환원의 요구가 커지고 있다. 최고의 이익을 내기 위한 결정, 소비자들을 만족시키기 위한 결정, 새로운 사업 다각화를 위한 결정, 사회에 이익을 환원하기 위한 결정, 미래의 새로운 먹거리 산업을 시작하기 위한 결정, 이 모든 것이 시대적인 흐름을 인식하는 데서 시작된다. 그래야만 결정을 할 수가 있다. 단지 생존하는 데만 급급한 결정은 비즈니스의 한계를 드러내고 말 것이다. 이제는 제대로 된 결정을 내릴 준비가 되었는가?

돈의 맥을 짚는
CEO의 숫자감각

종합기술원의 연구원이 지금 수행하고 있는 연구 주제가 결실을 맺고
구체화됐을 때 삼성그룹의 어느 특정 회사가 그것을 가지고 사업을 할 수 있는지,
혹은 새로운 분야의 창업이 가능한지 여부가
최종 의사 결정의 기본이자 대원칙이다.

- 삼성전자 종합기술원 회장, 권오현

숫자로 돈의 맥을 짚으라

돈 문제는 걱정한다고 절대 좋아지지 않는다. 돈 걱정을 하면 할
수록 더욱 나빠진다. 왜냐하면 부정적인 생각이 마음속에 자리 잡게
되기 때문이다. 걱정하는 마음에 초조해지고 좌절감만 생긴다. 최악
의 경우 목숨을 버리는 경우도 있다.

그러므로 돈이 없다고 해서 너무 우울해할 필요는 없다. 잠시 돈
이 없는 것뿐이다. 누구나 돈을 초고층 빌딩처럼 쌓아놓기 위해 돈을
버는 것은 아니다. 돈이 잘 돌아야 가정도, 기업도, 경제도 살고 나라

살림살이도 좋아진다.

큰 부동산 기업을 일군 영국의 롭 무어가 쓴 《머니》라는 책에 돈에 대한 의미심장한 표현이 있다.

"AP 통신과 인터넷 서비스 회사 AOL이 공동 실시한 연구 결과를 보면, 사람은 자신의 재정 상태에 대해 걱정할 때 심각한 건강 문제가 생길 위험이 커진다. 빚 때문에 스트레스를 많이 받는 사람들과 그렇지 않은 사람들을 비교해보니 전자가 후자보다 심장마비에 걸릴 확률이 두 배 더 높은 것으로 나타났다. 궤양, 소화 장애 등 다른 질환들도 생겼다. 이들 중 44퍼센트가 편두통을 앓고 있었던 데 반해, 재정적으로 스트레스를 적게 받는 사람들 중에는 불과 4퍼센트만 편두통이 있었다. 전자와 후자의 우울증 비율도 각각 23퍼센트와 4퍼센트로 큰 차이가 있었다.

재정 문제와 관련하여 걱정과 정신적 문제를 피하는 쉬운 방법이 있다. 위 연구 이후 추가로 실시된 연구 결과는 적극적으로 자신의 재정 계획을 세우고 배우는 사람들이 재정 상황에 덜 스트레스를 받고, 자신감은 커졌으며, 정신건강 장애를 덜 겪었다는 것을 보여주었다. 미국의 연금 기업 TIAA-CREF 연구소가 실시한 연구에 따르면, 재정 교육을 받은 사람들은 은퇴를 대비해 저축할 확률이 더 높은 것으로 나타났다.

또한 최근 보험사인 메트라이프가 실시한 조사 결과를 보면, 재정 교육 프로그램에 참여하면서 자신의 재정 상태를 잘 통제하고 느끼는 사람들의 행복도는 25퍼센트 향상됐다. 정말 말 그대로, 돈과 재정에 대해 배우고 계획을 수립하면 걱정과 스트레스는 줄고, 전반적인 행복도와 만족도는 높아진다. 그리고 물론 재정 운영 성과도 더 좋아진다. 상식적인 말 같은가? 그렇다. 하지만 항상 모두 그렇게 상식을 따르는 건 아니다."

대다수의 사람들은 돈 문제에 대해서만큼은 자유롭지 못하다. 계속 사업을 영위하는 사업자는 더욱 그렇다. 사업을 확장, 성장, 발전시키고자 한다면 반드시 숫자에 대한 감각을 익혀야 한다. 회사의 매출도, 영업이익도, 자산의 크기도, 부채의 크기도 숫자로 말하기 때문이다.

'많다, 적다, 부족하다, 적당하다, 대충 이럴 것이다, 저럴 것이다, 대략 대·중·소…' 이런 식의 애매모호한 말로 중요한 의사결정을 하면 참 곤란하다. '괜찮겠지', '어떻게 되겠지' 이런 식의 생각과 행동은 무능을 넘어 무책임한 결과를 낳는다.

고등학교를 졸업하면서부터 20대, 30대, 40대 중반 현재에 이르기까지 다양한 회사 사람들과 함께 일해왔다. 여러 회사로의 이직 경험, 오랜 세무회계 실무 경험을 토대로 돈의 맥을 짚는 숫자 감각을 익힐 수 있었다. 아울러 가까이에서 사장님들의 다양한 경영철학도 배울 수 있었다. 실패를 딛고 위기를 극복하는 과정, 열정을 유지하여 성공하는 과정도 볼 수 있었다. 안타깝게도 좌절하고 실패하는 모습도 지켜보았다.

나는 내 나름대로 세무대리인 실무담당자로서 사장님들, 임직원들과 동고동락했다. 세무대리인이란 법원 재판 과정에서 회사의 불리한 입장을 대변하는 변호사나 다름없다. 억울함을 당하지 않게 정확한 사후관리를 통해 재정적 어려움이 없도록 최선을 다할 뿐이다. 그저 고객 입장에서 회계 장부를 기장하고 경리아웃소싱 업무를 묵묵히 수행한다.

나에게는 이 일이 천직이다. 고객사 대표님보다 회사의 재무상태와 경영성과를 더 자세히 안다. 그래서 고객사 대표님들의 말을 곧이곧대로 믿지 않는다. 관련 서류나 증빙자료를 확인하고 나서야 '아, 이거였구나!' 한다. 그 이유는 대표님들은 대부분 정확한 숫자보다는 그때 당시의 상황이나 흐름으로 말해주기 때문이다.

그래서 나는 매일, 매월, 분기 결산 보고서가 나오는 순간까지 끊임없이 보고 또 본다. 그래야 정확한 숫자가 보인다. 스스로 생각해도 있는 사실 그대로 정말 열심히 본다. 그러다 보면 그 회사의 경영 흐름이 보이고 실체가 보인다. 그 숫자를 통해 결국 돈의 흐름이 보인다. 흥하거나 망하거나 하겠다는 예측도 가능하다.

많은 대표님들이 함께 수개월, 반년, 1년, 혹은 몇 년 동안 숫자를 통해 검토하고, 분석하고, 토론하고, 대화하여 장밋빛 미래의 성공 스토리를 만들어간다. 그렇게 어느 정도의 소통의 시간이 흘러서야

244

숫자에 대한 감각이 생긴다. '잘 모르겠다', '어렵다' 하면서도 나중에는 숫자에 대한 감각이 나보다 훨씬 좋아지신다. 결국 돈의 맥을 짚는다는 것은 회사의 나아갈 방향을 설정하는 중요한 일이다. 그러므로 반드시 숫자감각을 익혀야만 한다.

올해 우리 회사의 매출액은 얼마인지, 영업이익은 얼마인지, 회사의 총자산은 얼마인지, 총부채는 얼마인지 등을 알아야 경영위기가 닥쳐도 해결방법을 찾을 수 있고 대처 능력도 발휘할 수 있다. 모르면 아무것도 할 수 없다.

돈의 맥을 짚는 숫자감각을 알고 싶지 않다면 당신이 지금 하고 있는 사업을 지속해야 할지, 그만둬야 할지 생각해보기 바란다. 빠른 시간 안에 결정해야 할 것이다. 왜냐하면 비즈니스는 숫자로 결과를 말하기 때문이다. 비즈니스는 냉정하리만큼 객관적이다. 그 객관성은 숫자다. 지구상에서 아라비아 숫자가 없어지지 않는 한 제품과 서비스의 판매가격이 '숫자'로 표시될 것은 명백한 일이다.

지금 내가 하고 있는 사업이 이익인지 손실인지, 자금이 충분한지 부족한지 그 맥을 짚어야만 살아남는다. 손익계산서와 재무상태표를 통해 숫자에 대한 감각을 알아보자.

먼저 '대박 주식회사'의 경영성과를 보여주는 '손익계산서'를 살펴보자.

손익계산서
제8(당)기 2018년 1월 1일부터 2018년 12월 31일까지
제7(전)기 2017년 1월 1일부터 2017년 12월 31일까지

회사명 : 대박 주식회사 (단위 : 백만원)

과목	제8기(당)기		제7기(전)기	
	금액	비율	금액	비율
I.매 출 액	29,840	100%	24,580	100%
II.매출원가	27,250	91%	21,980	89%
III.매출총이익	2,590	9%	2,600	11%
IV.판매비와 일반관리비	2,200	7%	2,072	8%
급여	1,620	5%	1,450	6%
지급임차료	25	0%	145	1%
관리비	97	0%	89	0%
감가상각비	78	0%	78	0%
기타비용	380	1%	310	1%
V.영업이익	390	1%	528	2%
VI.영업외수익	52	0%	35	0%
이자수익외	52	0%	35	0%
VII.영업외비용	88	0%	25	0%
이자비용 외	88	0%	25	0%
VIII.법인세차감전이익	354	1%	538	2%
IX.법인세 등	92	0%	125	1%
X.당기순이익	262	1%	413	2%

사업을 한다면 손익(損益)은 반드시 따져봐야 한다. 열심히 일만 한다고 다가 아니다. 대박 주식회사 손익계산서상 '숫자'의 감각을 익혀보자.

246

- 매출액은 전년 대비 5,260백만원(+21%)이 증가했다. (호재)
  - ☞ 원인 : 수출증가
- 매출원가가 전년 대비 5,270백만원(+2%)이 증가했다. (악재)
  - ☞ 원인 : 원자재 대금 및 생산원가 비용 증가
- 매출총이익은 원가율 상승으로 10백만원(-2%)이 감소했다. (악재)
  - ☞ 원인 : 전체적인 물가상승으로 생산원가 비용 증가
- 판매비와 일반관리비는 전년 대비 128백만원이 증가했다. (악재)
  - ☞ 원인 : 인건비 상승 및 물류비용 증가
- 영업이익은 원가율 상승 및 판관비 증가로 138백만원(-1%)이 감소했다. (악재)
  - ☞ 원인 : 매출원가 상승 및 인건비 등 증가
- 영업외수익은 전년 대비 17백만원이 증가했다. (호재)
  - ☞ 원인 : 청년인턴 인력채용으로 인한 정부 지원금 증가
- 영업외비용은 전년 대비 63백만원이 증가했다. (악재)
  - ☞ 원인 : 유형자산(토지, 건물) 취득에 금융기관 차입 조달로 이자비용 증가
- 당기순이익은 전년 대비 151백만원이 감소했다. (악재)
  - ☞ 원인 : 매출원가, 판관비와 일반관리비, 영업외비용 증가

종합적인 경영성과를 살펴보면 매출은 전년 대비 5,260백만원 (+21%)이 증가하여 호재를 보이고 있다. 반면 매출원가, 판매비와 일반관리비, 영업외비용의 항목은 모두 증가하여 악재다. 숫자 감각이 없다면 증가한 '매출'에만 집중할 것이다.

　　매출총이익, 영업이익, 당기순이익이 모두 감소했다. '이익이 왜 감소했을까?' 하는 인식이 절실하게 필요하다. 그리고 원인을 찾아야 한다. 분석, 검토, 개선하지 않는다면 머지않아 경영 위기는 서서히 다가올 것이다.

재무상태표

제8 기말　2018.12.31 현재
제7 기말　2017.12.31 현재

회사명 : 대박 주식회사　　　　　　　　　　　　　　　　　　　　　(단위 : 백만원)

항 목	제 8 기	제 7 기
자산		
유동자산	**4,117**	**3,485**
현금및현금성자산	202	236
매출채권	2,020	1,650
미수금	140	89
상품	380	350
제품	850	760
원재료	405	320
기타유동자산	120	80
비유동자산	**1,844**	**566**
매도가능유가증권	92	85
토지	340	0
건물	850	0
기계장치	420	350

무형자산	60	56
기타비유동자산	82	75
자산총계	**5,961**	**4,051**
부 채		
유동부채	**2,500**	**1,725**
매입채무	971	660
지급어음	450	340
미지급금	186	172
예수금	44	32
단기차입금	565	290
미지급비용	187	156
미지급세금	97	75
비유동부채	**1,035**	**162**
장기차입금	850	0
기타비유동부채	185	162
부채총계	**3,535**	**1,887**
자 본		
자본금	500	500
이익잉여금	1,926	1,664
자본총계	**2,426**	**2,164**
자본과부채총계	**5,961**	**4,051**

'재무상태표'는 단어 그대로 '재무(돈)'의 '상태'를 나타내주는 표다. 회사의 재무상태를 있는 그대로 바라보고 그 숫자를 믿어야 한다. 정말 그렇다.

자산은 언젠가는 수익을 창출하여 현금화될 수 있다. 단지 보유하고 있는 자산이 어떤 형태로 존재하는가, 얼마나 빠른 속도로 현금화가 되는가의 문제다. 현금및현금성자산(현금, 보통예금 등)으로 가지고 있는가? 받을 돈(매출채권)으로 존재하는가? 재고자산(상품, 제품, 원재료)으로 보유하고 있는가? 유형자산(토지, 건물, 기계장치 등)으로 소유하고 있는가? 이런 문제로 접근하면 좋다.

부채는 모두 갚거나 지급해야 할 돈이다. 매입처에 물건값을, 금융기관으로부터 조달한 원금 및 이자를, 임직원들에게 노동의 대가를, 국가 및 공공기관에 제세공과금을 납부해야 한다.

대박 주식회사의 재무상태표상 '숫자'의 감각을 익혀보자.

최우선적으로 순자산(자산총계-부채총계) 개념의 숫자 감각이 제일 중요하다. 대박 주식회사의 순자산은 2,426백만원(자산총계 5,961백만원-부채총계 3,535백만원)으로 자산이 부채보다 크다. 회사의 재무(돈) 상태가 양호하다. 하지만 속내도 그럴까?

매출채권

3억원이 악성채권으로 소송 중이다. 회수 가능성이 낮거나 부실화 가능성이 크다. (악재)

재고자산(상품, 제품, 원재료)

일부가 과잉생산 또는 과다 매입이 존재한다. 시장에서의 판매 가치 하락 및 파손된 재고자산이 많다. 한때 유행하던 제품의 판매가 영 부진하다. 판매 가능성이 낮아 판로 문제로 골치가 아프다. 전체적으로 판매 불가, 관리부실

250

에 따른 재고 금액이 6억원에 달한다. (악재)

유형자산(토지, 건물, 기계장치)

2년 전 분양받았던 아파트형 공장 취득으로 고정자산(토지, 건물) 1,190백만원이 증가하였다. 진부화(공장, 기계, 설비와 같은 고정자산의 수명의 단축화로서 발명, 생산공정의 개량, 경제적 조건의 변화와 같은 기술진보, 또는 기호의 변화 두 외부요인으로 인해 시설재의 내용연한이 단축되는 것)된 기계장치로 인하여 새로운 생산설비 교체 주기가 다가오고 있다. (악재)

단기차입금

원재료 매입, 급여 및 이자 등을 지급하기 위한 회사 운전자금을 조달하였다. 단기간에 갚아야 할 빚이 증가하였다. (악재)

장기차입금

고정자산(토지, 건물) 취득 자금을 시설자금 대출로 조달하였다. 영업외비용(금융기관 이자비용)이 증가되었다. (악재)

대박 주식회사는 분명히 매출은 증가하였다. 하지만 매출채권의 부실화, 부진 재고자산의 증가, 부채의 증가, 제조원가 비용의 상승, 매출총이익의 감소, 비용의 증가, 영업이익의 감소로 많은 숫자가 '경영 악재'라는 정보를 말해주고 있다.

그래서 CEO는 반드시 경영의 숫자 감각에 촉각을 세우고 있어야 한다. 순자산의 증가로 주시해야 할 숫자도 늘어났다. 빚이 증가한 만큼 '영업이익'을 내지 못한다면 경영상의 어려움이 닥쳐올 것이다.

경영 보고를 받는 것에 집중하라

누구든지 순탄하게 직진만 있는 인생길은 없다. 사람이 살아가면서 잘되거나 안 되거나 하는 일이 번갈아 나타나는 '굴곡'이 있기 마련이다. 사업은 성공할 수도 있고 실패를 거듭할 수도 있다. 영원한 성공도, 영원한 실패도 없다.

기업은 살아남기 위해 연구와 개발에 막대한 시간과 돈과 열정, 인력을 투입한다. 그래서 변화하는 환경 속에서 세상과 인류가 만족할 만한 새로운 제품과 서비스를 창조해낸다. 그것을 내가 먼저 만드느냐, 남들이 먼저 만드느냐 하는 순서의 문제다. 이왕이면 자신이 먼저 성공하는 개척자가 되기를 갈구한다. 하지만 첫발을 내딛는 개척자는 외롭다. 수많은 어려움과 위험을 감수해야 하기 때문이다.

과거의 경험을 거울삼아 현재에 집중할 때 미래가 보장된다. 이러한 측면에서 경영 보고는 앞으로 나아가고자 하는 사업의 출발점이다. 경영 보고를 받는 것에 집중하자. 그래야 최적의 의사결정을 할 수 있다. 그렇기에 경영 숫자는 반드시 알아야 한다. 육감이나 직감으로 할 수 있을지도 모르겠다. 그러나 그것은 운이 좋아서 한두 차례 발생한 것일 수도 있다.

　사업이 확장되고 규모가 커지면 모든 것을 CEO가 다 할 수는 없다. 임직원들에게 저마다의 역할을 주고 믿고 맡기면 된다. 그리고 경영 보고를 받는 것에 집중하면 된다. 직장에서 '보고'하라고 지시하지 않는다면 스스로 보고하는 사람이 몇이나 될까? 장담하건대 90% 이상 스스로 보고하는 임직원들은 없을 것이다. 아마도 모든 상황이 최악의 지경에 이를 때까지 말이다.

　제대로 된 경영 보고를 받고자 하는가? 그럼 관리 보고 체계 (Management Report System)를 만들라! 관리 보고 체계란 특정 정보가 입력되어 가공이 완료될 때까지의 전 과정을 일컫는다. 관리 보고 체계는 경영 관리의 목적과 기능을 근거로 하여 구성된다. 기업 경영 보고 체계는 경영의 목표를 달성하기 위해 회사 전체의 문제점을 객관적으로 분석, 평가하여 결과를 최고 관리자에게 보고하는 과정을 말한다. 이때 정보 흐름이 명확해야 하며, 내부 정보와 외부 정보의 분석, 최고 관리자의 이익 목표 설정 등에 필요한 정보가 포함되어야 한다.

　물론 여기서는 위와 같은 거창한 '경영 보고'를 말하고자 하는 것이 아니다. 출근하여 퇴근 전까지 산적한 일, 결과가 없는 회의, 의미 없는 사람들과의 만남, 바쁜 업무에 파묻힌 하루 일과, 습관적으로 앞만 보고 무작정 가는 자세. 이처럼 목적 없이 바쁜 일상에 회사는 점점 뜻 모를 어디론가 향하고 있다.

매일 똑같은 일상에 똑같은 구성원들이 쳇바퀴 돌 듯 반복적인 일을 한다. 새로움보다는 익숙함에 발전적인 사고(思考)를 기대하기가 어렵다. 이러한 상황에서 우리는 보고를 통해 문제를 인식하고 소통할 수 있다. 인식된 경영 숫자를 통해 상황을 파악해야 방향 설정이 가능하다.

또한 현재의 경영 흐름의 방향과 속도, 목표한 이익이 달성 가능한지 알 수 있다. 과거의 경영보고는 과거에만 머무르지 않는다. 현재에 더욱 집중할 수 있도록 도움을 줄 뿐만 아니라 미래를 예측할 수 있게 해준다. 무엇보다 경영 상황이 좋지 않은 상태라면 늦지 않게 대처할 수 있도록 도움을 준다.

매출실적이 왜 떨어졌는지? 그 원인이 내부에 있는지 외부에 있는지? 돈이 왜 부족한지? 일시적인지 고질적인지? 불필요한 비용이 지출되고는 있지 않은지? 이런 것들을 확인하여 그 상황에 맞게 대처하게 되는 것이다.

주변 중소기업 대표님들은 재무제표에 관심이 적다. 정말 안타까운 마음뿐이다. 정확히 말하면 회계 장부에 관심이 없다. '회계장부는 세무사 사무실이나 회계 법인에서 작성하는 것이다. 월급 받는 경리직원이 하는 것이다'라고 치부해버린다.

그래서 매출 증감 변화가 어떠한지, 판매이익은 발생하였는지, 판관비의 변동 추이는 어떤지, 영업이익인지 손실인지 등에 대해 정말 무심하다. 회계장부도 통장의 거래내역이라 생각하면 좋을 텐데 말이다. 회사 대표와 임직원들이 정체불명의 지독한 바이러스에 감염된 것은 아닌지 의심될 정도다.

2018년 10월 31일에 출간된 김탁환의 장편소설 《살아야겠다》라는 책은 마치 재정적으로 멍들어 가는 회사의 모습을 비추는 것 같다. 2015년 여름에 시작된 중동호흡기증후군(MERS·메르스)이라는 주제를 가지고 확진환자, 사망한 환자, 가족의 관점에서 이들의 고통을 생생하게 그려낸 내용이다.

이들은 영문도 모른 채 메르스에 걸려 죽거나 생사의 경계를 넘나든다. 처절한 투병생활 끝에 간신히 살아남는다. 하지만 완치 후 후유증과 사회적 멸시를 감당해야만 했다. 폐가 망가지고 일상생활조차 자유롭게 영위하지 못했다. 이들은 메르스에 희생당한 피해자다. 주변의 따가운 시선으로 가해자로 취급받고 많은 고통을 혼자서 감당해냈다. 그 당시 186명의 확진환자, 38명의 사망자를 낸 질병 사태다.

작가는 말한다. "삶과 죽음을 재수나 운에 맡겨선 안 된다. 그 전염병에 안 걸렸기 때문에, 그 배를 타지 않았기 때문에, 내가 살아 있다는 '행운'은 얼마나 허약하고 어리석은가."

어쩌면 회사 운명을 재수나 운에 맡기고 있는 것은 아닌지, '잘되겠지'라는 막연한 '희망'에 기대고 있지는 않은지 걱정이다.

다음은 2018년 10월 15일 〈국민일보〉 기사 중에 한 대목이다.

"정보 부족과 관리 미숙에 따른 허점, 그로 인해 발생하는 위험을 국민들이 고스란히 떠안은 상황이었다. 보건복지부와 질병관리본부와 병원과 보건소가 우왕좌왕하는 사이, 많은 이들이 자가 격리와 관련하여 낯설고 불편한 국면에 맞닥뜨렸다." 결국 이 사태는 질병관리본부, WHO 기준에 따라 2018년 10월 "3년 만의 메르스, 16일 0시 상황 종료"라는 소식을 전한다.

우리도 '정보 부족과 관리 미숙'으로 경영위험을 자초하고 있진 않는지 생각해볼 대목이다. 무엇보다 갑작스런 파산은 감당하기엔 너무 가혹하다. 그러므로 영문도 모른 채 돈이 거꾸로 흐른다거나 경영 위험이 소리 없이 다가온다는 것을 인식하기 위해서는 반드시 '경영 보고를 받는 것'에 집중해야만 한다.

회사의 파산은 CEO 한 사람의 문제로 끝나지 않는다. 매사에 경영위험을 예방해야만 한다. 그렇지 않으면 메르스 바이러스처럼 회사의 임직원들, 그들의 가족들, 관계회사, 이해관계자들에게까지 그 고통이 고스란히 전달될 것이 자명하다. 나가모리 시게노부 일본전산 회장은 말한다.

"승리의 비결은 간단하다. 남들도 하기 싫을 때, 그만 하고 싶은 생각이 턱까지 올라올 때, 그래도 하는 것이다. 그게 전부다."

보고로 끝나는 경영보고는 멈추라. 성장을 위한 보고가 당신을

256

성공을 위한 지름길로 안내할 것이다. 다시 한번 권면한다. 경영 보고
를 받는 것에 집중하라!

직접 할 것인가,
아웃소싱 할 것인가

당신은 시작을 위대하게 할 필요는 없다.
하지만 시작했다면 반드시 위대하게 변해야 한다.

- 지그 지글러

투자 유치는 더 큰 성장을 위한 지름길이다

200억 투자 유치의 기적! 그 비밀의 서문을 열어보고자 한다.

2015년 11월, 형형색색 물들었던 낙엽이 우수수 떨어지는 늦은 가을 어느 날, 강남구 역삼동 소재 ○○회계 법인에서 함께 근무했던 황○○ 팀장에게 한 통의 전화가 걸려왔다.

"안녕하세요. 김 팀장님."

"예, 안녕하세요. 오랜만입니다. 황 팀장님 정말 반갑습니다. 잘 지내셨나요?"

"그럼요. 지금은 부천에서 일해요. 신도림에 위치한 회계 학원에서 강의도 하고 있고요."

"황 팀장님 여전하시네요."

"하시는 일은 잘되시죠? 그런데 어쩐 일이세요?"

"가르치고 있는 학원 수강생 중 한 사람이 경리아웃소싱 할 만한 사람 있으면 소개해 달라고 해서요. 마침 김 팀장님이 생각나서 전화했어요."

"이런저런 회사 사정을 들어보니 김 팀장님이 적격일 것 같아서요."

"저야 좋죠."

"그런데 황 팀장님이 직접 하시지 그러세요?"

"아니에요. 저는 상황이 여의치 않아서요."

"예 알겠습니다. 연락처 주시면 만나보겠습니다."

"고맙습니다."

200억원의 투자 유치를 위한 이야기는 이렇게 시작되었다.

서울시 강서구 소재 선유도 근처에 위치한 D사 오○○ 과장님과 미팅 약속을 잡고 회사를 방문하였다. D사는 중국 등에서 완구를 수입하여 국내에 도매로 유통하는 회사였다. 도착하여 사무실에 들어서자 완구 유통 회사답게 수많은 장난감이 진열되어 있었다.

오○○ 과장님의 안내를 받아 대표님실로 들어갔다. 대표님 방도 예외 없이 수많은 장난감들로 가득 차 있었다.

"처음 뵙겠습니다. 신○○이라고 합니다."

"예, 대표님. 처음 뵙겠습니다. 만나 뵙게 되어 반갑습니다. 김상기라고 합니다."

대표님은 내부적으로 회계처리는 전혀 되어 있지 않고, 외부에 의존하여 기장을 맡기고 있다고 말씀하셨다. 또한 대표님조차도 회계에 대해서는 많이 알지 못한다고 솔직하게 말씀해 주셨다.

그 말에 대하여 우리나라 중소기업 대다수가 세무사 사무실이나 회계 법인에 기장을 맡기고 있는 것이 현실이라고 말씀드렸다. 대표님은 자체 회계 기장을 원한다고 말씀을 이어 나갔다. 경리아웃소싱이 무엇이며, 아웃소싱 업무의 범위는 어떻게 되는지, 비용은 얼마나 지불해야 하는지, 앞으로 어떻게 진행되는지 이야기를 나누었다.

그렇게 미팅을 마치고 경리아웃소싱에 대한 제안서를 제출하였고, 며칠 후 '경리아웃소싱' 용역 계약이 체결되었다. 계약 후 그동안 외부에서 기장했던 회계장부 및 회계자료, 세무신고 자료를 모두 회사로 이관받았다.

대외적인 업무 대응 및 실질적인 재무 관리를 위해 회사 관리팀 소속의 '부장'이라는 명함도 받았다. 그날부터 나는 D사의 일원이 되었다.

2015년도 말 경리아웃소싱을 시작할 때쯤 D사는 매출액 63억 원, 자본금 5천만원, 당기순이익 4억원, 임직원 10명 정도 규모의 회사였다.

그 당시 물류창고의 높은 임차료를 절감하기 위해서 금융기관으로부터 대출을 받아 물류창고를 매입하였다. 또한 완구 상품을 수입하여 주로 도매 형태로 유통을 하는데도 불구하고 '제조업 세액감면'으로 세제 혜택(세액감면)을 받았던 세금에 대하여 과거 3개년치가 추징된 상태였다.

신○○ 대표는 자체적인 회계 장부 기장을 통해 회계 처리의 투명성 확보, 재무 건전성 개선, 매월 결산보고를 통해 재무정보를 파악하기 위한 재무제표 작성의 필요성을 강조하셨다. 또한 향후 완구자체 개발을 통해 해외 글로벌 진출 포부도 밝히셨다.

대표님실에 있는 세계 지도를 가리키며 중국, 인도, 유럽 진출 로드맵도 말씀해 주셨다. 진지하게 말씀하시는 대표님의 포부에 정말로 공감되었다. 그렇게 외부 투자 유치를 위한 프로젝트는 시작되었다.

한 회사의 CEO로서 장래의 가능성에 대한 비전을 확고히 제시하는 것이야말로 매일 기업이 한 걸음 앞으로 더 나아가는 성공의 초석이 될 것임이 분명하다.

신○○ 대표는 현재에 안주하지 않고 더 큰 성장을 위한 새로운 비전을 제시함과 동시에 실행을 위한 중요한 의사결정을 내렸다. 내부에서 직접 할 것인가, 외부 아웃소싱(Outsourcing)을 할 것인가? 결단을 내려야만 했다. 그렇다. 시작이 반이다.

고려 말 조선 초의 문신이자 학자였던 정도전(鄭道傳, 1337~1398)

은 신진사대부 출신의 하급관리로 원나라 사신의 접대를 거부하여 유배에 처해진다. 유배를 마치고 정도전은 가난과 고통 속에서 여러 곳을 유랑하는 생활을 하게 된다.

유랑을 통해 정도전의 생각은 완전히 바뀐다. 고려의 개혁을 넘어 완전히 '새로운 나라를 세워야 한다'는 신념을 갖게 된다. 이후 신흥 무장으로 떠오르는 태조 이성계를 만나 정몽주 등의 온건 개혁파를 제거한다. 그리고 1392년 조선 왕조 500년 역사의 포문을 여는 개국을 선포하기에 이른다. 당시 신흥 무장으로 떠오르던 태조 이성계는 전문 경영관리자인 정도전을 만나 함께 조선 개국의 비전을 선포했던 것이다.

비즈니스의 국내 시장은 분명 한계가 있다. 신제품이 출시되는 초창기에는 어느 정도 매출액이 상승곡선을 보인다. 하지만 점점 시간이 갈수록 판매량은 줄어들기 마련이다. 후발 주자인 경쟁사의 유사제품이 출시되고, 새로운 콘텐츠의 제품이 출시되고 나면 더 이상 매출을 기대하기는 어렵게 된다.

최근 들어 상품의 수명 주기(Life Cycle)는 더욱더 짧아지고 있는 추세다. 소비자들의 욕구가 다양하고, 유행에 민감해졌다. 사람들의 삶의 질 향상으로 색다른 디자인 상품의 출시, 최상품의 질을 요구하기에 이르렀다. 그만큼 상품의 도입기, 성장기, 쇠퇴기 주기가 점점 짧아지고 있는 것이 현실이다. 그냥 방치한 채 보고만 있을 수 없는 노릇이다.

262

최근 뉴스를 통해 '4차 산업혁명'이란 단어를 많이 접하게 된다. 4차 산업혁명이란 인공지능(AI)이나 빅데이터, 사물인터넷 등을 기반으로 변화하는 혁신적인 산업 환경을 말한다. 급속도로 변화하는 비즈니스 경영환경에서 선제적인 연구와 개발에 투자, 우수한 인력 양성, 지속적인 교육은 더 큰 성장을 위한 지름길임에 틀림없다.

당신은 기업의 성장을 위해 어떤 계획을 갖고 있는가?

'경리아웃소싱'으로 경영관리의 한계를 극복하라

아웃소싱이란 기업의 특정한 업무에 대하여 경영 효율성 극대화를 위해서 외부 전문기관, 전문가, 전문 업체와 계약을 체결하여 전부 또는 일부 업무를 위탁하여 처리하는 것을 말한다.

신○○ 대표님은 회사의 정확한 회계처리와 경영 효율성 극대화를 위하여 회사의 내부 관리 상황을 정확히 판단하여 외부 '아웃소싱'을 선택하였다. 그 당시 관리팀에는 오○○ 과장 한 명뿐이었다. 영업 지원(상품 입고, 출고 수불관리 및 매출 마감 등) 업무, 고객 대응에 따른 잦은 전화 업무에 많은 시간을 소비하고 있었던 상황이다.

과장님은 상업계 고등학교를 졸업하고 은행에서 근무한 경력이 있다고 했다. 하지만 내부 관리 업무로 회계, 세무에 대한 업무처리까지 감당하기에는 무리였을 것이다. D사에 첫 출근하여 처음엔 무엇을, 어떻게, 어디서부터 시작해야 할지 막막하기만 했다.

　D사에 맞는 업무처리 프로세스를 협의한 후 각종 문서들을 정리 정돈하여 분류하고 나서 회계의 기본적인 업무부터 시작하기로 했다. 또한 각자의 업무를 충실히 감당하기 위해 업무를 적정하게 분장했다.

　과장님에게 회계를 잘하는 것은 회계기준에 따라 '정확하게 분개[分介: 부기(簿記)에서 거래 내용을 차변(借邊)과 대변(貸邊)으로 나누어 적는 일]를 하는 것'이라고 지도하였다. 매일매일 하나하나의 분개가 모여 장부가 된다. 그 장부는 쌓이고 쌓여 재무상태와 경영성과를 보여준다. 조금씩 실천하면 '할 수 있다'는 자신감이 붙는다.

　자체 회계장부 기장(記帳: 장부에 적음)을 위해 회계프로그램을 도입하고 매일 정확한 회계 분개처리를 하도록 업무를 공유하였다. 또 매주 특정 요일을 정해 주 1회 이상 회사를 방문하여 함께 업무를 파악하고 회계 업무를 처리하였다.

　아웃소싱 업무는 그 회사의 거래 발생의 유형 및 성격, 거래발생 순서에 따라 업무처리 원칙을 정하는 것이 무엇보다 중요하다. 중요성에 맞춰 매일 해야 하는 업무 순서를 정해야 한다. 일일 단위, 주 단위, 월 단위, 분기, 반기, 연간 순으로 말이다.

　유통업체인 D사의 경우에는 완구 상품에 대한 '입고 및 출고' 업무가 무엇보다 정확하고 신속하게 최우선적으로 처리되어야 하는 중요한 일과 중 하나였다.

〈D사 월 결산에 필요한 업무처리 프로세스〉

업무순서	업무 분류	업무처리 내용
1	매 출	판매(출고) 분개처리
2	매 입	매입(입고) 분개처리
3	매출원가	매출원가 산출을 위한 재고금액 확정 분개처리
4	판관비	임직원 급여, 물류 비용 등 분개처리
5	영업외비용	금융기관 이자비용 등 분개처리
6	영업외수익	금융기관 이자수익 등 분개처리
7	현 금	현금 입금 및 출금(비용)내용 분개처리
8	결산사항	감가상각비, 충당부채 등 계상 및 분개처리
9	통 장	입출금 거래내역 분개처리
10	잔액정리 및 월 결산마감	거래처별 원장마감 및 모든 비용 결산 분개

위 회계처리는 1~6항까지는 손익계산서 순서와 유사한 것을 알수 있다.

위와 같이 매월 회계 장부를 마감하여 영업실적(이익 또는 손실)과 재무상태(자산·부채·자본의 증감)를 보고하였다. 보고사항을 통하여 회사의 현금 흐름과 현금 유동성도 파악할 수 있게 되었다. 지속적인 노력으로 2년 6개월의 기간(2015년~2017년 상반기)에 걸쳐 과거 오류(재무제표상 오류 또는 잘못 표기된 숫자)를 모두 기업회계기준에 맞게 수정해 나갔다.

그렇게 2년 동안의 준비 과정을 걸쳐 2017년 2월 본격적으로 외부 투자 유치를 위한 첫발을 내디뎠다. 투자 유치는 구주(舊株) 지분매각 방식을 선택했다. 이후 5천만원의 유상증자를 추가로 실시하였다.

신○○ 대표는 완구산업과 관련 있는 미디어 & 엔터테인먼트를 주업으로 하는 C사와의 물밑 접촉을 통해 투자 유치에 대한 밑그림을 그려나갔다.

D사와 C사는 투자양해각서를 체결하고 이후 투자 유치를 위한 회계 실사에 돌입하였다. 본격적인 실사에 앞서 실무진과의 미팅을 위해 오○○ 과장님과 함께 상암동에 위치한 C사의 사옥을 방문하게 되었다.

안내 데스크에서 방문자 기록을 마치고 마중 나온 김○○ 팀장님의 배웅으로 약속된 미팅 장소인 회의실로 갔다. 넓은 회의실과 M&A 총괄 팀장을 비롯하여 각 분야의 전문가들 앞에서 위축될 수밖에 없었다. 회의실로 향하는 내부 사무실의 풍경은 매우 자유로운 분위기였고, 거대한 조직의 힘을 느끼기에 충분했다.

양사 실무진은 명함을 주고받으며 반갑게 인사를 나누었다. 미팅은 조금 어색한 분위기 가운데 D회사에서 판매하고 있는 품목과 추후 개발 예정인 완구 콘텐츠에 대하여 프레젠테이션을 하는 것으로 시작되었다.

프레젠테이션을 마치고 질의 응답하는 순서로 진행되었다. 아울러 주로 판매되고 있는 완구 품목에 대한 설명과 향후 개발 예정인 완구 목업(mock-up: 제품 디자인을 평가하고 제품 생산을 하기 위해 만들어지는 실물 크기의 모형)을 보여주었다. 목업을 이용해 로봇으로 변신하는 동작을 실시하여 시각적인 이해를 도왔다.

266

향후 5개년 추정손익계산서를 끝으로 미래 '이익창출'에 대한 가능성도 강조하였다. 역시나 날카로운 재무 관련 질문들은 피해 갈 수 없었다. 몇 가지로 요약해 보았다.

- 추정 손익에 대하여 실현 가능한 매출의 규모 및 달성률은 어느 정도로 생각하고 있는가?

- 자사의 제품과 계획하고 있는 완구 콘텐츠가 타사에 비해 경쟁력이 있다고 보는가?

- 근본적으로 이익이 실현되고 있는 사업 구조인가?

- 향후 매출 성장을 위한 새로운 완구 콘텐츠 개발 성공 가능성은 어느 정도인가?

날씨는 제법 더워지고 계절은 점점 여름으로 향하고 있었다. 예비실사 전반전을 무사히 잘 마치고 후반전인 본격적인 재무 실사를 앞두고 있었다. 본 실사를 담당한 곳은 국내 최고 규모를 자랑하고 3,000여 명의 전문가들로 이루어진 S회계법인이다. 법무 쪽도 법무법인 ○○이었다. 실사는 회계, 세무, 법무, 밸류(Value), 회사 구성원들에 대한 경력 사항을 포함하여 모든 부문에 걸쳐 실시될 예정이었다.

본격적인 실사에 앞서 제출해야 할 목록을 이메일로 받았다. 광범위한 자료 목록만 보아도 결코 만만한 일이 아님을 알 수 있었다. D사는 현재의 경영상황에 머무르지 않고 변화를 선택한 것이다.

최고의 동기부여가이자 자기계발과 성공학의 대가로 알려진 지그 지글러(Zig Ziglar)가 쓴《오늘 변하지 않으면 더 이상 물러설 곳이 없다》라는 책에서는 환경이 바뀌기를 바라지 말고 나 자신이 스스로 변화한다면 그 과정에서 희망을 발견할 것이라는 강력한 메시지를 던져 주고 있다. 우리는 성공을 위해, 미래의 희망을 위해 스스로 변화를 선택해야만 한다.

투자를 유치하겠다는 내부의 변화는 외부 아웃소싱을 하겠다는 결단으로 이어졌다. 투명하고 정확한 회계처리는 기본이다. 요청받은 많은 양의 자료를 제출하기 위해 일상 업무를 병행하면서 회계, 세무, 법무, 밸류 분야별 자료를 차근차근 준비해 나갔다. 요청 목록 중에서 먼저 준비된 자료는 순서대로 전달하였다. 그렇게 2주간에 걸쳐 대부분의 자료가 전달되었다.

자료 제출 후에도 용산에 위치한 S회계법인 대회의실에서 몇 차례 미팅이 있었다. 투자자 입장에서 반드시 확인해야 할 항목 및 미래에 발생할 수 있는 경영 위험, 쟁점이 될 가능성이 있는 부분에 대한 질의 응답 형태로 두세 차례의 미팅을 가짐으로써 본실사는 마무리되었다. 왠지 모르게 국회에서 청문을 받는 느낌이랄까! 지나간 과거 재무자료보다는 향후 평가될 회사의 밸류 부문에 대한 내용이 핵심이었다.

S회계법인의 실사보고서를 토대로 내부적인 논의를 걸쳐 C사는 D사에 투자하는 것으로 확정되었다. 마음 졸이며 기다렸던 200억원

268

의 투자 유치는 좋은 결과로 마무리되었다. 그 소식을 듣고도 도무지 믿을 수가 없었다. 하지만 놀라운 현실임을 부정할 수는 없었다. 투자 유치 소식을 듣는 순간, 그 어떤 것으로도 표현할 수 없을 정도로 정말 기뻤다.

물론 회사 대표의 자질, 미래 성장 가능성, 회사의 잠재적인 가치를 보고 투자 결정을 했을 것은 자명하다. 그렇지만 투자 유치 성공을 위한 시작점에 '아웃소싱'이 있었고, 그 과정에서 중요한 역할을 했음은 분명하다.

'경리아웃소싱'으로 경영관리의 한계를 극복할 수 있고, 내부관리의 안정성도 다질 수 있다. 그러므로 경리아웃소싱을 선택한다면 더 큰 성장의 기회를 만들 것이라 확신한다.

CEO는
잘하는 것을 해야 한다

돌은 던지고 나가는 순간 게임은 끝난다.
그러나 아직도 우리에겐 보여주지 못한 수많은 가능성이 남아 있다.
그러니 아직은 게임을 멈추지 말아야 한다.

- 바둑기사 조훈현의 《조훈현, 고수의 생각법》 중에서

사업 성공의 비결은 한 사업에 주력한 결과다

성공한 사람이 실패한 사람과 다른 하나가 있다. 몇 번의 실패에
도 굴하지 않는다는 점이다. 실패를 했지만 끝까지 포기하지 않는다.
불굴의 의지로 오뚝이처럼 다시 일어선다. 끝내 이루고자 했던 꿈을
이루고 부를 축적하고야 만다. 하지만 그들도 처음부터 강했던 것은
아니다. 인고(忍苦) 끝에 성공을 이룬 것이다. 그들은 모든 것이 망가
지기도 했고 바닥까지 추락도 했었다. 심지어 삶의 끝자락까지 갔다
가 다시 희망의 빛을 찾은 이들도 있다.

270

주변 고객사의 CEO들은 저마다의 타고난 성품이나 소질, 특정 분야의 일에 대한 능력이나 실력의 정도가 많이 다르다. 반면 '꼭 이루고야 말겠다'는 한 점의 목표를 향해 돌진하는 신념(信念: 굳게 믿는 마음)과 행동하는 리더십은 매우 비슷하다.

CEO들에게 주목할 만한 공통점이 또 하나 존재한다. 그것은 자신만의 길을 걸었다는 점이다. 확고한 신념 아래 '내가 잘하는 것', '내가 잘할 수 있는 것', '내가 자신 있는 것'을 했다는 것이다. 맞다. CEO는 잘하는 것을 해야 한다.

펜실베이니아대학교 와튼스쿨 교수이자 협상 전문가로 활동 중인 스튜어트 다이아몬드(Stuart Diamond)의 저서 《어떻게 원하는 것을 얻는가》에는 다음과 같은 내용이 담겨 있다.

"당신은 남들과 무엇이 다른가요?" 100여 명 중 일곱 명만이 자신 있게 대답했다. 여러분은 무엇을 떠올리셨나요? "저는 남들보다 성실합니다. 저는 남들보다 영어회화를 잘합니다. 저는 남들보다 외모가 출중합니다." 이런 대답이 떠올랐다면 남들보다 '나은 점'을 떠올린 것이다. 우리가 생각해야 할 것은 남보다 나은 점이 아니다. 남과 다른 점이다.

'남과 다른 점'이란 말에 정말 공감이 간다. 비슷한 경쟁 업종의 사업을 하여도 하나같이 영업, 마케팅, 기술, 운영의 형태가 다르다.

어느 날 갑자기 부를 상속받은 사람은 많지만 하루아침에 성공을 거머쥔 사람은 없다. 최고의 인기를 누리고 사는 슈퍼스타도 오랜 무명 시절을 거친다. 그들은 부단한 노력 끝에 기회를 얻어 최고의 자리에 오를 수 있었다. 일반적으로 없었던 능력이 하늘에서 뚝 떨어지는 법은 없다. CEO는 잘하는 것에 대한 열정을 가지고 한 우물을 파야 한다. 그러다 보면 점점 사업이 성장하고 사업 다각화도 할 수 있다. 또 새로운 성장 동력의 새싹도 돋아난다. 전문교육기업인 한 컨설팅 회사는 송년의 밤에서 "성공의 목적보다 성장의 목적을 응원합니다"라는 메시지를 전한다. 그렇다. 잘하는 것을 더욱더 잘하기 위해 나아갈 때 우리는 성장한다. 그리고 그렇게 할 때 우리는 성공을 향해 나아가게 된다.

굴지의 세계적인 회사들은 저마다 주력사업이 있다. 구글은 온라인 광고, 애플은 스마트폰 제조, 아마존의 아마존웹서비스(AWS), 코카콜라의 식품 유통, 알리바바의 전자상거래, 삼성전자의 반도체, 현대자동차의 자동차…. 나열하자면 끝도 없다.

각 기업마다 독보적인 기술력과 품질, 가격 경쟁력을 가지고 있다. 주력사업은 결코 단기간에 만들어진 것이 아니다. 그래서 기업은 전망성과 성장 가능성을 믿고 성공할 수 있다는 확고한 신념을 가지고 잘하는 것을 해야만 한다. 그래야 수많은 기업 중에서도 1위의 시장 점유율을 차지할 수 있다.

역사적으로 강한 신념 하나로 기업을 크게 키운 분이 있다. 유독

272

기억에 남는다. 현대그룹 고(故) 정주영 명예회장이다. 불도저처럼 밀고 나가는 추진력 하나는 정말 닮고 싶은 것 중 하나다. "임자, 해봤어?" 이 어록 한 마디가 모든 것을 말해준다. 담대하게 추진해서 결국 이루고야 만다.

세계적인 글로벌 기업이나 대기업들의 성장 과정을 유심히 살펴볼 필요가 있다. 크게 성장할 수 있었던 이면을 보면 CEO가 중심이 되어 주력사업을 성장시켰다. 이후 신규 사업으로의 진출, 확장, 다각화로 점진적으로 발전했다는 사실이다.

경리아웃소싱 중인 한 업체의 CEO의 경영 사례를 살펴보게 되었다. K사 이○○ 대표님은 20년 넘게 절삭공구 유통업을 운영해오고 있다. 사업 초기 작게 시작하여 현재는 200억원 규모의 매출실적을 달성하고 있다. 아시아, 남미, 유럽 등 세계 각국에 수출하여 무역수지 흑자에 이바지한 공로로 대통령 표창도 받았다. 지금도 끊임없이 전 세계 박람회를 누비며 절삭공구 유통에 앞장서고 있다. 세월이 흐른 지금도 절삭공구에 대한 애정이 뜨겁다. 이○○ 대표님은 '절삭공구 유통'에 젊은 청춘을 바쳤다.

D사 신○○ 대표님은 완구 회사에서의 풍부한 경험과 경력, 감각을 토대로 초기 자본금 1백만원으로 사업을 시작하였다. 지속적인 완구 콘텐츠 연구와 개발, 발굴을 통해 기업을 꾸준히 성장시켜 왔다. 그렇게 창업 후 7년이라는 짧은 시간에 성장 가능성을 인정받았다. 그래서 큰 기업으로부터 주식 매각을 통해 200억 투자 유치를 받는

데 성공하였다. D사는 지금도 계속적인 성장 동력을 찾기 위해 모든 임직원들이 힘을 다하고 있다. 그래서 신규 프로젝트 개발에 고군분투하고 있다.

J사 황○○ 대표는 고등학교 동창이다. 고등학교 졸업 후 25년 넘게 타이어 유통 회사에서 탁월한 영업력과 관리능력을 인정받았다. 그는 열정과 패기로 성공의 길을 향해 전진하고 있다. 몇 년 전에 타이어 전문 유통회사인 T사 회장님으로부터 스카우트 제의를 받아 관계 회사 대표이사로 재직 중이다. 황○○ 대표는 타이어 시장의 흐름을 정확히 파악하고 있으며 각 지역의 판매현황을 꿰뚫어 보고 있다. 또한 전국 각지에 흩어져 있는 거래처를 직접 방문하는 것을 마다하지 않는다. 거래처들을 방문하여 시장의 현황을 살피는 것은 유통망 확대와 직결되기 때문이다. 판매점 사장들이 말하는 현장의 소리에 귀를 기울여 영업 현장과 실무에 접목시키고 있다.

장수기업의 특징 중 하나가 대부분 주력사업의 명맥을 오늘날까지 이어오고 있다는 사실이다. 때로는 취급하고 있는 제품이나 서비스가 시대의 흐름에 뒤처져 없어지기도 한다. 또는 획기적인 새로운 제품이나 서비스가 창조되어 기존의 것은 무용지물이 된다. '잘해야 한다'는 말은 무엇을 의미할까? 그 누구보다 좋아하는 일, 자신 있어 하는 일에 전념해야 한다는 것이다. 그런 일에 대하여 포기하지 않고 끝까지 해내는 것이다. 실패와 좌절 앞에서도 절대 포기는 없다.

성공한 CEO는 끝까지 한다. 국수(國手) 조훈현 9단의 말처럼 "돌은 던지고 나가는 순간 게임은 끝난다. 그러나 아직도 우리에겐 보여주지 못한 수많은 가능성이 남아 있다. 그러니 아직은 게임을 멈추지 말아야 한다." 지금 당신이 하고 있는 일에 대해 늘 열정으로 가득하기를 바란다. 좋아하는 일이라면 절대로 포기하지 말기를 바란다. 그러면 반드시 성공에 이를 것이다.

사업 성공의 6가지 열쇠

스포츠 스타들은 수많은 실패와 패배를 겪는다. 심각한 부상을 입어도 절대로 포기하지 않는다. 그들은 결코 좌절하거나 멈추지 않는다. 세계 청소년 야구대회에서 투수로 출전해 18이닝 동안 32탈삼진 5실점의 뛰어난 성적으로 대회 MVP로 뽑혔던 사람이 있다. 그는 타자 겸 투수였다. 그리고 태평양을 건너 메이저리그(MLB) 도전을 선언하고 미국으로 건너가 마이너리그에서 혹독한 세월을 보냈다. 유명한 투수였지만 타자로 전향하여 현재 미국 메이저리그(MLB) '텍사스 레인저스'에서 뛰고 있다. 그는 추신수 선수다. 그는 최근까지도 부상과 재기를 거듭하였지만 절대 포기하지 않는 불굴의 의지로 최고의 선수로 우뚝 서 있다.

필자의 집 거실 책꽂이에 있는 《어린이를 위한 긍정의 힘》(이상화·정성란·한혜선 지음)이란 책에 눈길이 갔다. 이 책에 이런 이야기가 나온다. 태어난 지 며칠 안 된 쌍둥이가 있었다. 아기 중 한 명이 죽음에 이를 정도로 심장에 심각한 문제가 생겼다. 며칠 동안 아기는 병세가 계속 나빠지고 있었다. 그때 한 간호사가 아기를 엄마 자궁 속처럼 인큐베이터 안에 넣어 보자는 제안을 하였다. 의사들도 고민 끝에 그렇게 하기로 결정하였다. 그래서 쌍둥이는 한 인큐베이터 안에 눕게 되었다. 그런데 신기한 일이 일어났다. 건강한 아이가 팔을 뻗어 아픈 동생을 감싸안았다. 동생의 심장은 안정을 되찾기 시작하였다. 혈압이 정상적으로 돌아왔을 뿐만 아니라 완전히 건강을 되찾았다.

이처럼 힘든 가운데 누군가의 작은 포옹 하나만으로 그 역경을 이겨내는 경우가 많다. 《어린이를 위한 긍정의 힘》의 저자는 마음의 열쇠, 생각의 열쇠, 언어의 열쇠, 태도의 열쇠, 행동의 열쇠, 습관의 열쇠, 인생의 열쇠를 거론하면서 "변화의 열쇠는 바로 나 자신에게 있다"고 말한다. 사업 성공의 길은 바로 나 자신에게 있다. 스스로 사업 성공의 열쇠를 찾아야만 한다. 위 책을 참고하여 사업 성공의 열쇠에 대해 정리해 보았다.

첫째, 마음의 열쇠다.

성공하고야 말겠다는 확고한 신념을 가져야만 한다. 자신을 믿어야 한다. 내가 나 자신을 믿지 못하는데 그 누가 나를 믿겠는가? 현실에서는 성공보다 실패와 좌절을 더 많이 겪는다. 하지만 성공하겠다는 신념이 있다면 이야기가 달라진다. 성공하겠다는 신념은 스스

276

로의 마음을 더욱더 굳건히 만든다. 사업을 하다보면 언젠가는 재정적인 어려움에 처하게 된다.

재정(돈)이 몸과 마음을 힘들게 한다. 주변의 진심 어린 충고에도, 스스로의 작은 실수에도 예민하게 반응하고 화를 낸다. 회사에서뿐만 아니라 가정에서도 극도로 긴장 상태라 모든 것이 혼란스럽기만 하다.

'이제는 모든 것이 끝났다' '포기해야 하나?' 하는 생각도 들 것이다. 하지만 '이것이 끝이 아니다', '또다시 할 수 있다'라는 신념만 있다면 그것만으로 희망의 불씨가 된다.

"사람들은 자신이 만들어 놓은 실패라는 새장에 스스로 갇혀 지내다가 결국 예정된 실패의 길을 밟는다."

천천·쉬지엔의 《결단》이란 책에 나오는 문장이다. 수많은 사람들이 한두 번의 실패로 인해 패배의식에 젖어 '삶이 다 끝났구나' 착각한다. 성공을 위한 첫걸음은 먼저 내 마음의 진실한 소리를 듣는 것이다. 또한 조직에서 구성원들에게 희망의 소리도 들어야 한다. 그것이 마음의 열쇠다. 듣고 느껴야 인식한다. 그래야 성공을 위한 첫걸음을 뗄 수 있다.

둘째, 생각의 열쇠다.

많은 사람들은 하루에도 오만가지 생각을 한다. 단 한 번의 실패에 두려움과 실망에 사로잡힌다. 결국엔 '아무것도 할 수 없다'는 깊은 수렁 속 생각에 빠진다. 지난해 우연히 인연을 맺은 문정동에 위치한 H사 김○○ 대표님은 일에 대한 깊은 열정과 생각으로 충만하다. 소주잔을 나누며 소싯적 이야기를 들려주셨다. 그 시절 여러 가지 사업으로 성공했지만 현재 돈은 없다고 한다. 큰돈을 벌 때는 씀씀이나 돈이 빠져 나가는 구멍도 크기 마련이다.

큰돈이 들어오면 꼭 필요하지 않은 것부터 산다. 소비를 먼저 늘린다. 이것저것 눈에 보이지 않는 경비도 늘린다. 그렇게 고정비가 되어버린 돈은 열어놓은 수도꼭지의 물처럼 새어 나간다. 그런데도 신기하게 사람들은 그걸 보지 못한다. 창업 후 매출 실적이 증가하고 이익이 나기 시작하면 잉여자금을 어떻게 활용할 것인지 '생각의 문'을 활짝 열어 놓고 있어야 한다. 제법 큰 규모의 고객사도 의외로 자금 관리에 허술한 점이 많이 보인다.

또 하나, 과거부터 해오던 보고 방식을 고수한다. 이처럼 영업 실적 호조로 큰돈이 들어오기 시작하면 현재에 머문다. 재정(돈) 관리는 미래지향적이어야 한다. 그런데도 과거 생각의 패턴과 고지식한 사고만으로 돈의 흐름을 바라본다. 그러지 말고 돈의 새로운 흐름에 대한 '생각의 열쇠'를 항상 열어두자!

셋째, 언어의 열쇠다.

모든 사람들은 마음의 소리를 들을 수 있는 뜨거운 가슴을 가지고 있다. 하지만 '상처가 되는 말 한마디'는 의욕을 상실시킨다. 반면에 '격려의 말 한마디'를 들으면 마치 맛있는 음식을 먹은 것처럼 생기가 돌고 에너지가 샘솟는다. 전쟁터에서 '이길 수 있다'는 확신에 찬 장수의 말 한마디는 병사들에게 용기를 심어 주어 승리로 이끈다.

"한마디 말로 천 냥 빚을 갚는다"는 속담도 있다. 그만큼 '한 마디 말'이 중요하다. 한 조직의 대표는 매사에 긍정적인 '언어'로 구성원들에게 사기를 북돋아 주어야 한다. 비즈니스 현장은 그야말로 총성 없는 전쟁터다. 삶과 죽음의 갈림길에 선 전쟁터에서 이순신 장군은 부하들에게 부정적인 언어보다는 긍정적인 언어로 23전 23승 전승의 신화를 이뤄냈다.

넷째, 태도의 열쇠다.

회사 꼭대기에 있는 사람일수록 권위적인 자세를 취하고 있다. 권위적인 자세에서 강압적인 태도가 나온다. 조직은 기본적으로 상하구조다. 그 구조는 이집트 피라미드만큼이나 견고하고 오래되어 좀처럼 바꾸려야 바꿀 수가 없다. 하지만 나의 태도로 인하여 상대방의 태도가 달라질 수 있다. 만약 당신이 '태도가 그게 뭐야' 하며 다른 사람들에게 비판적인 자세를 가지고 있다면 주위에 함께할 사람은 그리 많지 않을 것이다.

미국의 철강왕 찰스 슈왑은 "사람들에게 그들의 최고의 가능성을 계발하게 하는 방법은 격려와 칭찬입니다"라고 말했다. 모든 조직원들에게 진심을 다하는 태도는 CEO가 갖춰야 할 기본자세이자 큰 덕목이다. 진심을 다하는 태도는 사람들의 열정을 불러일으키기에 충분하다.

다섯째, 행동의 열쇠다.

주어진 시간 안에 아무것도 하지 않는다면 아무런 변화도 기대할 수 없다. 필자는 어느새 40대 중반의 나이다. 뒤돌아보면 '시간이 쏜살같다'는 말이 정말 실감이 난다. 지금까지 어떤 행동으로 어떤 결과가 있었는지 생각하게 한다. 누구나 성공을 시키고 부를 축적하겠다는 부푼 기대와 희망으로 사업을 시작한다. 생각은 행동을 낳고, 행동은 결과를 낳는다. 그것이 성공이든 실패든 둘 중 하나다. 하지만 생각만 하고 행동하지 않는다면 한 발자국도 나아갈 수 없다.

동기부여가 지그 지글러는 "행동이 변화를 가져온다. (중략) 논리가 변화를 가져다주는 것이 아니라, 행동이 변화를 가져온다는 사실을 잊지 말라"고 이야기한다. '사고하는 자'와 '행동하는 자' 가운데 승리자는 '행동하는 자'가 될 것이라는 것은 자명한 진리다.

"위대한 출발이 아니라 위대해지기 위해서 출발한다"라는 명언도 있다. '출발'이란 행동의 첫발을 내딛는 것이다. 거대한 목표를 세운다고 성공하는 것이 아니다. 답은 그것을 이루기 위한 '행동'에 있다. 용기를 내자. 당신은 행동할 수 있고, 성공의 길을 향해 나아갈 수 있다.

여섯째, 습관의 열쇠다.

마음, 생각, 언어, 태도, 행동의 열쇠. 위 모든 습관이 모여 성공의 열쇠가 된다. 하지만 이 모두를 한꺼번에 실천하기란 매우 어렵다. 아니, 불가능할지도 모른다. 인간에게는 나쁜 습성이 있기 때문이다. 습성은 습관이 된다. 그래서 아주 고약한 버릇이 생긴다. 그것은 '미루는 습관'이다. 또한 사람들은 당장 눈앞의 이익이나 돈이 되는 것에만 관심을 갖는다. 그러나 크게, 멀리 보아야 한다.

'할 수 있다'는 확실한 신념의 마음, 미래지향적인 생각, 용기와 힘을 주는 언어, 진정한 리더로서의 태도를 가지고 하루하루 지속적, 반복적으로 실행하라. 실행을 지속하면 습관이 된다. 그리고 그렇게 형성된 습관은 성공을 위한 밑거름이 된다. 그것이 습관의 열쇠다. 모든 것은 나의 습관으로부터 시작된다. 또한 나의 좋은 습관이 주변에 전파된다면 거기에 성공의 힘이 생겨날 것이다. 좋은 습관을 모든 임직원들과 함께한다면 더욱더 성장하고 발전할 것이다.

미국 벤처기업 투자가 벤 호로위츠는 다음과 같이 말했다.

"성공한 CEO를 만날 때마다 나는 그들에게 어떻게 오늘에 이르렀는지 묻는다. 보통 수준의 CEO들은 자신의 뛰어난 전략적 조치나

직관적 사업 감각, 또는 여타의 다양한 자기만족적 설명을 늘어놓는다. 하지만 위대한 CEO들은 열이면 열 모두 이렇게 말한다. 그만두지 않았을 뿐입니다."

잘나가는 회사에
꼭 맞는 경영전략이 따로 있다

리더가 곤경을 예측하지 못하는 것은
일상생활의 태만함에서 비롯된다.

– 츠치코우

재정(돈) 관리는 사업 성공을 위한 필수 항목

기업의 돈은 사람의 혈액과도 같다. 심장을 통해 나온 혈액은 온몸을 순환하면서 산소와 영양분을 공급해준다. 혈액 공급이 멈추거나 혈액이 원만하게 순환하지 못한다면 인간은 생존 자체가 어려워진다. 마찬가지로 원활하던 돈의 흐름이 멈춘다면 그 즉시 기업 생존에 빨간 불이 들어온다. 그것은 위험 신호다.

원시 수렵 생활과 농경시대의 물물교환 시대를 지나 화폐가 등장하면서 산업과 경제는 급속도로 발전했다. 화폐의 흐름이 곧 기업의 생존권을 좌지우지한다는 사실은 부정하기 힘들다. 그래서 사업 성공의 가장 큰 비결은 자금 관리다. 돈은 돌고 돈다.

아무리 많은 이익을 내도 돈이 들어오지 않으면 흑자부도가 난다. 받을 돈은 통장에 들어오지 않고 줘야 할 돈을 주느라 허둥지둥 금전적 고통을 겪다가 결국 재정적 파탄에 이르고 만다. 재정 파탄에 따른 정신적 피해는 돈으로 환산할 수 없다. 그뿐만 아니라 그 충격으로 '삶의 포기'라는 빠져나올 수 없는 영역에 영혼이 갇히게 된다.

결국 잘나가는 회사의 경영전략은 따로 있다. 현금 흐름을 미리 계획하고 거기에 맞춰 이익을 내는 구조다. 원활한 현금 흐름을 위해서 '달성해야 할 목표 매출과 이익'을 반드시 계획해야 한다. 그래야 자금관리를 통해 부족한 현금을 미리 파악할 수 있다. 지속적으로 사업을 영위하기 위해 부족한 자금을 미리 조달할 필요가 있다. 피가 부족하면 수혈을 통해 '혈액'을 공급받는 것처럼 말이다.

회사 설립(자영업 포함)을 통해 성공한 사람들에게 '사업에서 성공의 비결을 꼽는다면 가장 중요한 것은 무엇이겠습니까?'라는 질문을 던져보았다. 예상 답변으로는 5가지를 제시했다. ① 경쟁력 있는 기술 및 아이템 개발 ② 거래처(고객)에 대한 적극적인 영업 ③ 회사 구성원들의 열의 ④ 효율적인 자금관리 ⑤ 지속적인 재투자

어떤 답변이 많이 나올지 궁금했다. 경쟁력 있는 아이템일까, 아니면 적극적인 영업일까. 예상외로 '효율적인 자금관리'를 꼽은 경영자가 많았다.

284

〈스스로 평가하는 성공 비결 : 회사 설립을 통해 성공한 경우〉

경쟁력 있는 기술 또는 아이템		3명
거래처에 대한 적극적인 영업		6명
회사 구성원들의 열의		3명
효율적인 자금관리		27명
지속적인 재투자		1명
근면한 자기계발		2명
경쟁자 극복		1명
(총 43명)		

위 조사는 한상복 작가의 《한국의 부자들》이란 책에 나오는 내용이다. 실제 자수성가한 한국의 부자들을 인터뷰한 결과다. 대다수의 부자들의 의견은 아니므로 혹자는 일부 성공한 기업들 이야기일 뿐이라고 치부할 수도 있다.

하지만 불확실한 미래와 비즈니스의 무한경쟁 속에서 항상 호황만 있을 리 없다. 또 항상 이익만 낼 수도, 좋은 경기 흐름만 기대할 수 없는 노릇이다. 따라서 지속적 생존을 위해서는 '회사에 맞는 경영전략'을 반드시 만들어야 한다.

사람들은 저마다 다른 외모, 성격, 성향, 기질을 가지고 태어난다. 성장하면서 스스로 만들기도 하고 조금씩 변화하면서 형성되기도 한다. 기업도 제조, 유통, 서비스업 등 서로 다른 업종으로 사업을 시작한다. 기업도 살아 움직이는 유기체다.

기업은 주(主) 업종을 기반으로 시작한 사업을 확장하고 다각화하면서 발전한다. 기업마다 특별하거나 다양한 문화, 색깔, 특징을 가지고 있다. 그래서 업종에 걸맞은 사업 전략이 필요하다. 제조업은 신기술 개발을 통해 신제품 생산 전략을 세운다. 그래야 경쟁사들을 제치고 시장을 선점할 수 있다.

유통업은 획기적인 유통망 구축과 톡톡 튀는 마케팅 기법을 활용하여 최고의 매출 실적을 내고, 경쟁력 있는 회사로 발돋움하기 위한 전략을 세우면 된다. 서비스업은 보다 간편하고 신속한 접근성이 좋은 편리한 네트워크를 구축한다. 최고의 고객 감동 서비스를 제공할 만한 환경을 만드는 것이다.

그 중심에는 사람과 재정(돈)이 있다. 이 시대의 위대한 '한 사람'으로 인해 역사는 새롭게 기록된다. 오늘의 승자가 내일의 패자가 되기도 한다. 역사는 말해준다. 영원할 수는 없지만 그 시대에 이루었던 역사의 기록은 오래오래 남을 것이라고.

기업 성장의 중심에는 항상 열정적인 그 누군가가 존재한다. 그게 당신이 될 수도 있다. 당신이 고용한 직원 중 한 사람이 될 수도 있다. 미국에 크게 성공한 한 부자가 있었다. 그는 영국 스코틀랜드에서 태어나 미국 펜실베이니아주로 이민을 왔다. 하루아침에 가세가 기울어 생계가 어려워진 그는 어린 나이에 일찍 철이 든다. 그는 가난을 벗어나고자 부자가 되기로 결심한다. 많은 사람들은 그를 '강철왕'이라 불렀다. 그 사람은 미국 최초의 근대 자본가라 불리는 앤드루 카네기(1835~1919)다.

286

앤드루 카네기의 성공 비결은 무엇일까? 카네기는 자신보다 강철 제조에 대해 많은 지식과 경험을 가진 수백 명에 달하는 사람들을 거느렸다. 그의 묘비에는 '자기보다도 현명한 사람들을 주변에 모이게 하는 법을 터득한 자, 이곳에 잠들다'라고 적혀 있다. 한 기업의 CEO는 자신보다 우수하고 뛰어난 인재가 있다는 사실을 인정해야 한다.

CEO가 진정으로 해야 할 일은 그들로부터 협력을 이끌어내어 성과를 내는 것이다. 카네기는 조직을 운영하는 능력과 리더십으로 크게 성장할 수 있었다.

또 한 사람을 소개한다. 앤드루 카네기 못지않은 사람이 존재했었다. 바로 사장 '찰스 스왑'이다. 카네기는 자신이 설립한 강철 회사의 사장으로 '찰스 스왑'을 채용했다. 스왑은 강철 제조에 관해 자신보다 훨씬 많이 알고 있는 사람들을 직원으로 두었다. 그는 진정한 리더였다. 스왑은 "나는 사람들로부터 열정을 불러일으키는 능력이 있다"고 말했다. 그러면서 "그것은 내가 소유하고 있는 것 중 가장 중요한 재산입니다. 사람들에게 그들의 최고의 가능성을 계발하게 하는 방법은 격려와 칭찬입니다"라고 덧붙였다.

"상사로부터 꾸지람을 듣는 것만큼 인간의 향상심을 해치는 것은 없습니다. 나는 결코 누구도 비판하지 않습니다. 대신 사람들에게 일을 하도록 동기를 부여해야 한다고 믿고 있어서, 될 수 있으면 칭

찬하려고 노력하고 결점을 들추어내는 것을 싫어합니다. 그 사람이
한 일이 마음에 들면 진심으로 찬사를 보내고 아낌없이 칭찬합니다."

이것이 바로 스왑이 사람들에게 행한 일이다. 데일 카네기가 쓴
《카네기 인간관계론》에서 전하는 이야기이다.

사업을 하다 보면 재정(돈) 관리의 필요성을 절실하게 느끼게 된
다. 아무리 좋은 콘텐츠, 아이템, 기술, 인력을 확보하고 있어도 당장
돈이 없으면 실현시킬 방법이 없다. '맨 땅에 헤딩하기'라는 말은 옛
말이 되었다. 누구는 자신의 종잣돈으로 사업을 시작해야 하며, 누군
가는 자본가로부터 투자를 받아야 한다.

그런데 '의지'만으로는 아무것도 할 수 없다. 자금을 효율적으로
조달하고 운용하도록 관리하는 일, '재무관리'는 필수다. 재무관리가
최우선시되어야 한다.

돈은 영업, 투자, 재무활동으로 흐른다

재무(돈) 관리의 기본은 입금이 출금보다 크면 된다는 것이다.
(입금 〉 출금) 당신이 회사의 경영자 또는 자금관리 책임자라면 회사의
현금 흐름이 어떤 상태인지 꼭 알아야 한다. 연간 현금 흐름을 따라
가 보면 파악할 수 있다. 대부분 모든 거래는 사업자 통장으로 입금

288

과 출금이 이루어진다.

〈현금 흐름의 개념 알기〉

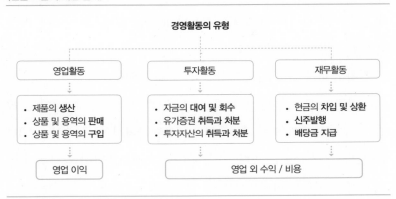

영업활동, 투자활동, 재무활동의 세 가지 활동으로 인해 현금의 유입과 유출이 발생한다. 당연히 유출보다는 유입이 커야 한다. 재무관리의 핵심 활동은 다음의 세 가지로 구분할 수 있다.

첫째, 현재의 자금 흐름 상태(영업활동, 투자활동, 재무활동)를 상세히 파악한다.

둘째, 각각의 영업활동, 투자활동, 재무활동에서의 현금의 유입과 유출의 결과를 분석한다.

셋째, 분석한 결과를 토대로 현금을 '유입시킬지 유출시킬지' 결정한 후 실행한다.

여기에서 반드시 유의할 점은 향후 1년 동안의 기간에 대한 미래 '현금 흐름표'를 작성해봐야 한다는 것이다.

　　추운 계절이 다가오면 출근하는 지하철 안에서 '콜록콜록', '훌쩍훌쩍' 여기저기서 마스크를 착용한 모습이 눈에 많이 띈다. 온통 감기에 걸린 사람들뿐이다. 올 겨울 '독감'이 유행할 거라는 뉴스라도 접하면 다들 근심 걱정이 앞선다. 그래서 예방이 최선이다.

　　'현금 흐름표' 작성은 독감 예방주사를 맞는 효과와 같다. 그리고 그 효과는 영업활동, 투자활동, 재무활동에서 현금 흐름에 대한 안정감을 가져다줄 것이다. 각종 암이나 대상포진같이 감당하기 힘든 질병도 예방을 하면 발생률을 감소시킬 수 있다. 현금 흐름을 인식하고 작성해 본다면 언제 그랬냐는 듯이 기업의 현금이 막힘없이 흘러갈 것이다.

〈현금 흐름의 작성 예시〉

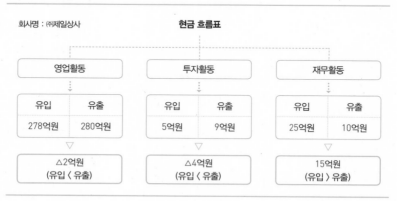

- 영업활동 : '판매'보다는 '매입' 대금 지급으로 인해 자금 유출이 (−)다.
- 투자활동 : 아파트형 공장 신축 분양으로 자금 유출이 (−)다.
- 재무활동 : 금융기관으로부터 '현금' 차입으로 자금 유입이 (+)다.

㈜제일상사는 '차입금'을 조달(재무활동)하여 자산을 취득(투자활동)하였다. 하지만 당기순손실(영업활동)이 발생하는 기업이다. 전반적으로 경영 및 재무적 리스크가 존재하는 기업이다. 모든 기업은 경영위험이 존재하기 마련이다.

기업은 특별한 경우를 제외하고는 주요 '영업활동'을 통한 현금의 유입이 많아야 한다. 재무활동으로 조달한 자금을 영업과 투자에 적절하게 활용하면 된다. 그러기 위해서는 '영업활동과 자금의 흐름'에 촉을 세우고 관심을 갖는 것이 첫걸음이다.

'돌다리도 두들겨 보고 건너라'라는 말이 있다. 미리미리 사람(인력)과 재무(돈) 관리를 통해 '회사에 꼭 맞는 경영전략을 세워라!' 잘 나가는 회사에 꼭 맞는 경영전략이란 선제적인 준비를 통한 실천만이 있을 뿐이다.